厚德载育　桃李芬芳

李淑芳　著

中国海洋大学出版社

·青岛·

图书在版编目(CIP)数据

厚德载育 桃李芬芳 / 李淑芳著. — 青岛 ：中国海洋大学出版社，2021.10
ISBN 978-7-5670-2990-3

Ⅰ. ①厚… Ⅱ. ①李… Ⅲ. ①中小学教育 - 文集 Ⅳ. ①G63-53

中国版本图书馆 CIP 数据核字(2021)第 218461 号

HOUDE ZAIYU　TAOLI FENFANG

厚德载育　桃李芬芳

出版发行	中国海洋大学出版社
社　　址	青岛市香港东路 23 号　　**邮政编码**　266071
网　　址	http://pub.ouc.edu.cn
出 版 人	杨立敏
责任编辑	滕俊平
电　　话	0532-85902342
电子信箱	appletjp@163.com
印　　制	日照日报印务中心
版　　次	2021 年 10 月第 1 版
印　　次	2021 年 10 月第 1 次印刷
成品尺寸	170 mm×240 mm
印　　张	12
字　　数	213 千
印　　数	1～1000
定　　价	59.00 元
订购电话	0532-82032573(传真)

发现印装质量问题，请致电 0633-2298958，由印刷厂负责调换。

第三期国家级小学语文骨干教师培训班结业合影

中小学骨干教师国家级培训合格证书

培训期间与学友在一起

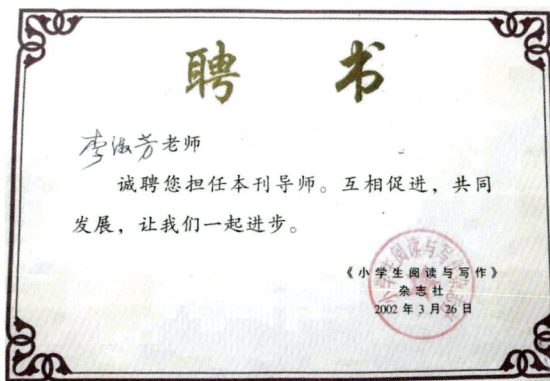

《小学生阅读与写作》聘书

山东省多元智能理论在小学语文教学中的应用课题研讨会合影

到乐陵实验小学参观学习

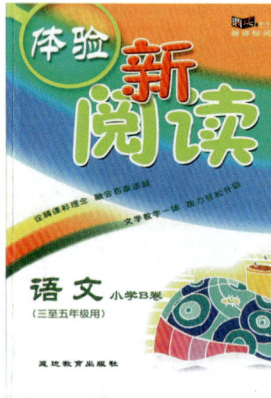

主编《体验新阅读》

阳信县实验小学多元智能理论课题组成员与省市专家合影

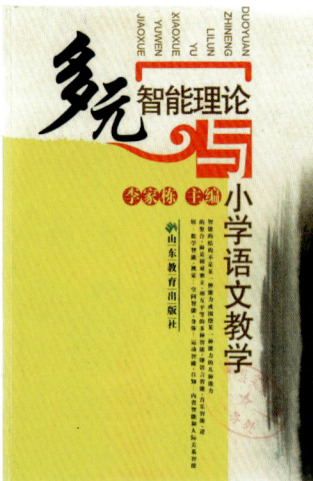

参编《多元智能理论与小学语文教学》

在阳信县高效课堂建设暨教学精细化管理研讨会上发言

阳信县中小学骨干校长及中层干部专业能力提升研修班合影

到潍坊市奎文区潍州路小学跟岗培训

在学校教研工作会议上讲话

在全国新时期德育研究经验交流会上分享交流

与上海静安区中心小学校长张敏（中）合影

到江苏省南京未成年人社会实践行知基地参观学习

参加全国基础教育评价改革高峰论坛

在阳信县2017届小学段入职教师第一次跟岗培训开班仪式上讲话

到北京大学考察学习

到淄博晏婴小学参观学习

自序

遇到更好的自己

我出生于鲁北平原的一个农村家庭,知书明礼、心慧手巧的父亲,勤劳善良、任劳任怨的母亲成为我的第一任老师。生活的艰辛让我懂得了珍惜,良好的家风家教养育了我健全的人格,而父母的"老民师"身份在我幼小的心灵里播下了教书育人的种子。

1985年,我考上了惠民师范学校,开启了成为一名教师的准备和修炼征程。三年里,我如饥似渴,如鱼得水,厚积薄发。1988年作为优秀毕业生,我被阳信县实验小学领导点名招录,来到了当时全县唯一一所机关小学任教。

33年来,我秉持立德树人的初心,敬业爱岗,勤慎敬业,厚德载育,从一名新入职教师逐渐成长为教学能手、中层干部,直至学校业务领导。回望我的从教经历:当班主任,爱生如子,培根铸魂,带出了市级优秀班集体;当语文教师,课题引领,面向全体,启智润心,成为全县唯一的"跨世纪园丁"工程国培人选;当中层干部,贯彻校长治校思想,反映教师心声,发挥桥梁纽带作用;当业务领导,夙夜在校办公,朝夕思虑师生。特别是近十年,在引领教师专业发展、落实学生核心素养、推进学校内涵提升方面为校长分忧解难,为学生发展奠基,为教师成长助力,在照亮别人的同时,也促进了自身的专业发展。

书桌上的听课记录、读书笔记一本本堆积,讲话发言、工作随笔一摞摞增厚,时常翻阅倍感充实,于是有了结集出版的冲动。搜集梳理居然有数十篇,洋洋洒洒二十余万字,虽不是"阳春白雪",但也是我多年来在一线从事教育教学研究和管理工作的思考与经验总结。文字里有我的付出和心血,有我的思索和忧虑,也有我的泪水和收获。

本书付梓，我既兴奋又忐忑，如同十月怀胎等待分娩的母亲。此时此刻，我特别感谢多年来各级领导的关心培养，感谢阳信县实验小学团队的鼓励帮助，感谢父母的殷殷教诲，感谢家人的无私支持。

岁月让人容颜变老，教育令我童心依旧。虽已过了知天命之年，我仍将以唯恐蹉跎误苍生的敬畏之心，以不待扬鞭自奋蹄的行为自觉，以常为深爱含泪水的炽热情怀，在基础教育的广阔天地里耕耘播种，欣赏桃李满园的芬芳，收获硕果满枝的金秋。

李淑芳

2021 年 9 月

目 录

家校共育篇

自我提升篇

课题研究篇

工作随记篇

休养杂记篇

综合管理篇

"六横九纵，双线运行"
管理模式的构建与运行

一、概要

阳信县实验小学（简称"学校"）围绕"融爱"文化建构"融爱"理念，于2018年形成的"六横九纵，双线运行"管理模式目前已成功实施。

该管理模式成功解决了学校中层干部、级部主任工作繁重、工作效率低下，级部主任、教研组长等被动接受工作、缺乏自主能动性以及学科教研不够深入、教学效果有待提高的问题。

该管理模式的主要内容是：以一至六年级六个级部为横轴，级部主任为负责人，侧重学校行政事务管理；以国家课程九个学科为纵轴，学科负责人带领学科教师侧重学术研究。科室管理的职能从管理转变为督导，为级部、学科搭建平台，提供服务。

该管理模式的创新点在于将学校的层级管理变为扁平化管理，赋予级部、学科更大的自主权，调动级部、学科教师的积极主动性和创造性，将学校行政事务和学科研究事务进行划分，让学科研究更深入。

该管理模式在实践过程中效果明显。学期初各负责人发布计划，学期末进行述职，方向明确，执行力强。学校制定了"纵横评价，多方考核"的评价方案，评价过程公开透明。该管理模式在2019年获得阳信县教育大观摩活动一等奖，2020年9月作为典型经验在全市做现场交流。

二、主要内容

每一所学校都有自己独特的气质，阳信县实验小学在近半个世纪的峥嵘岁月里，不断沉淀，不断优化，逐渐形成了宽容、大气、儒雅、厚重的氛围，于2016年形成了"融爱"核心文化理念。爱就要用最好的课程来哺育孩子、陪伴孩子，为此学校构建了"融爱"课程体系。如何让课程落地？如何让教师和学生在实施课程的过程中自我完善、成就更好的自己？这需要高效的课堂模式,需要适宜的学校管理模式。

(一)管理模式的建构基础

在科技高速发展、学习资源无处不在的今天,学校的实力主要在于课程的建构,课程为王。学校围绕文化和目标定位设计课程。

1. 学校文化内容

爱为教育之基,以爱育爱,是学校的核心价值,是学校的文化标签。学校以爱铸就品牌之魂,演绎文化之韵。以此为源,可衍生出善良公正的精神,彰显梦想与活力。"融爱"渗透在学校教育的方方面面,浸润着师生成长的点点滴滴,承载着师生的幸福。

阳信县实验小学核心文化体系见图1。

图1 阳信县实验小学核心文化体系

2. "融爱"培养目标定位

学校以爱为源,教育学生"爱学习、爱健体、爱审美、爱实践、爱生活、爱担当",培养学生能爱、会爱、愿爱,造就"怀仁爱之心、扬美善之德、修儒雅之学"的阳光少年。

(二)管理模式解读

如何实现学校的培养目标？如何让学生在学习课程的过程中成长？如何让教师在穿越课程的过程中实现自身的价值？这些都需要在管理中一步步解决。近年来,学校的管理重心下移,从领导层下移到中层,从中层下移到级部主任,并形成了"六横九纵,双线运行"管理模式。

"六横"指的是六个级部,级部主任是负责人,其主要职责是负责本年级的整体管理和课程安排,侧重的是学校行政事务的推动,如级部文化的创建、班主任工作的组织、任课人员的调配。

"九纵"指的是九个基本学科——道德与法制(简称"道法")、语文、数学、英语、科学、音乐、体育、美术、综合实践(简称"综合")的管理。学科负责人是责任人,其主要职责是带领本学科任课教师研究教学,抓好学科教研,提升学科质量,侧重的是学术研究。

"纵""横"的交叉点是学校管理的三个要素——学生、教师、课程,见图2。

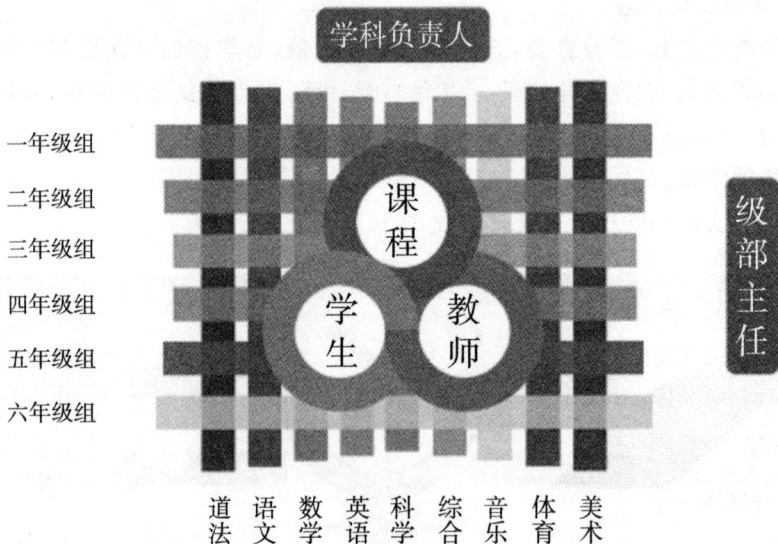

图2　阳信县实验小学"六横九纵,双线运行"管理模式

具体实施过程为:级部主任和学科负责人在学期初发布级部和学科计划,学校整体把控方向;学期中,根据计划做好过程考核数据的积累;学期末,级部主任和学科负责人带领成员要进行学科述职及展示活动,接受学校的终极考核。这种双线运行管理模式,极大地调动了教师的积极性,将更多的教师推到前台,为其搭建了展示的舞台。

(三) 管理模式评价体系

评价是指挥棒,学校任何一项改革都必须在它的指引下推进、实施,为此,学校制定了《年级组考核方案》《学科质量评价方案》《教师千分制考核》《学生综合素质评价方案》。

其中,对课程和学科的考核包括级部评价、学科评价、中层和管理层四方考核。考核中过程评价和终结评价交叉进行,凸显了评价的评定、诊断、甄别和选拔功能。

这样,学校就由原来的校长层→中层干部→级部主任→教研组长的层级管理变为现在的学校决策下的科室主任、级部主任、学科负责人同为执行层的扁平式管理模式。

综合评价、多方考核的评价体系(图3),让评价"真"起来。原先教务处和德育处重点负责对教师的考核,评价的主体和被评价的主体被迫"对立"起来。而现在的考核,举个例子来说,学校领导层期末要对九个学科组进行考核,考核分数就是每一位学科成员的分数,这样学科组每一位成员都捆绑在一起。学科负责人要想带领学科组在考核中名列前茅,就必须严格要求并帮助学科成员快速成长。学科负责人为了带领好本组,邀请德育处、教科研部门的领导协助他们管理、提升自己学科组的水平,如进行作业常规检查、教研指导,这样中层干部与教师之间由原来的对立变为互助,教师之间不再是互相包庇而是坦诚地暴露问题、解决问题。这样,考核的良性循环就形成了。级部考核亦是如此。

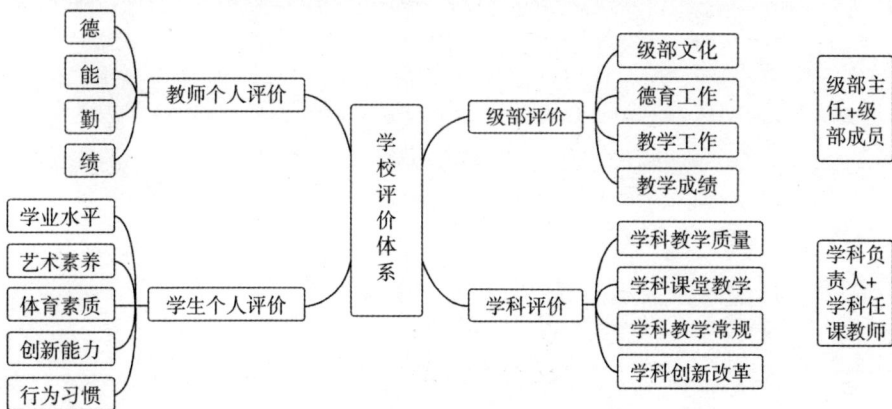

图3　阳信县实验小学综合评价体系

(四)推广成效

(1)初步应用。学校自2016年管理中心不断下移,从领导层到中层再到级部主任;各负责人从被动接受、执行任务,到参与策划并执行任务,再到主动创新执行任务。2017年因某些原因我校一个级部借用其他小学校舍,这样我们迫于条件实施了级部主任负责制,取得了很好的效果,但级部主任身兼数职,管理、教学等多项任务集于一身,分身乏术。

(2)深入应用。2018年,学校正式实施"六横九纵,双线运行"管理模式,有效分解了级部主任繁重的任务。让专业的人干专业的事,学科负责人带领学科教师进行教学研究,如教研、磨课;级部主任则引领级部进行文化的打造、级部特色的创建、级部课程的推荐等。

(3)初见成效。经过实施,"六横九纵,双线运行"管理模式极大地调动了学科负责人和级部主任工作的积极性,各级部和学科组呈现良性发展的态势。

(4)经验分享。2019年12月在阳信县教育大观摩活动中,该管理模式受到一致好评,校长受邀在全县进行经验交流;在滨州市课程实施水平评估中该管理模式受到市评估专家的好评;在阳信县教师跨校跟岗培训中,学校做了专题报告,受到跟岗教师的一致好评;特别是 2020 年经历了空中课堂的检验,"六横九纵,双线运行"管理模式从线下转移到线上,管理边界清晰有效,"纵""横"两线职责分明,有力地保障了空中课堂的开展。

　　"六横九纵,双线运行"管理模式让更多的教师有展示的舞台,让级部管理职责更明确,让学科发展更自由。教育是浪漫的事,有一群人正在做一件事——打造阳信县实验小学"融爱"教育品牌!

(本文获评 2020 年山东省基础教育改革优秀案例)

"融爱"文化关照下的高效课堂初探

众所周知,学校的中心工作是教学,教学的主阵地在课堂。课堂教学改革,我们一直在路上,从传统的低效课堂,到有效课堂,到今天的高效课堂。到底什么是高效课堂?怎样建构高效课堂?近年来我们对此做了初步的探索和思考。

一、高效课堂内涵的校本化表达

1. 高效课堂的文化品质

党的十九大报告指出:"文化是一个国家、一个民族的灵魂。文化兴国运兴,文化强民族强。""文化自信是一个国家、一个民族发展中更基本、更深沉、更持久的力量。"教育是个体间相互积极影响的过程,因而,文化在教育上的作用不容忽视。

一直以来,阳信县实验小学秉承"融爱"教育理念,确立了"以爱为源"的主题文化。爱是教育之基,"以爱育爱"是学校的核心价值,是学校的文化标签。高效课堂唯有文化品质,才有生命活力。我们坚信,"融爱"文化只有融于课堂、根植于课堂,才能更好地融入师生的血脉,渗透在教育的方方面面,浸润师生成长的点点滴滴。在"融爱"文化引领下的高效课堂,以爱为核心开展教学活动,给学生播下爱的种子,教育学生"爱思考、爱探究、爱合作、爱交流"。这就是我们所追求的高效课堂。

2. 高效课堂的基本样态

高效课堂的核心理念是以生为本、以学定教,强调学生是课堂的主人,教师是学生学习的组织者、引领者、合作者。基于此,我们归纳出高效课堂的四个基本特质:乐学、自主、互助、多元;高效课堂的四大基本板块:自主先学、共学展示、综合提升、多元评价;高效课堂的两大价值取向:关注"乐学"态度的养成,关注思考、合作、探究能力的提升。

3. 高效课堂的着力点

高效课堂将关注点聚焦在学生身上,转变了传统教学中以教师为中心的理念,设定六个基本操作要领,即学生视角下的教材解读、学生高度下的目标预设、学生需要下的内容整合、学生情趣下的方法设计、学生自主下的学习构建、学生享受下的多元评价。

二、高效课堂建构的行动路径

1. 统一思想,引领行动

思想是行动的指南。我校通过班子会议、教研组长会议、全体教职工会议及专题教研活动,逐级统一思想认识,层层理解高效课堂的内涵,认真分析课堂现状,明确影响课堂效率的因素,反思自己的教学行为。校长、教导主任不间断跟踪高效课堂各项活动的开展,带领老师们把精力投入高效课堂建构这项重点工作中。

2. 研发备课单,开展真备课

备好课是上好课的基础。以语文学科为例,我校着力改革传统备课方式。在备课内容上,以滨州市教科院颁布的《小学课堂教学改革指导意见》为统领,利用滨州市研发的部编教材备课工具和学校研发的单元主题备课工具进行单元整体备课(表1)。例如语文学科的备课,把教材的每个单元看作一个整体,找准本单元的内容是围绕什么主题写的、语文要素是什么,再根据课标、文本特点和学生实际,深入挖掘、整合优化本单元的学习内容,分成几个学习专题,确立不同的学习课型,再按照课型分别进行具体的设计。一个主题单元设计一般包括八个组成部分:第一部分是基本项目;第二部分是整合内容,即统整在本主题下的学习内容;第三部分是主题单元规划,即这个单元分几个专题,每个专题的内容及目标是什么,用思维导图的形式呈现;第四部分对应课程标准和主题课程纲要的目标要求;第五部分是单元学习目标;第六部分是主题单元问题设计,即把单元学习重点或难点问题提出来;第七部分是专题划分或课型划分,即明确是基础过关课还是主题精读课等,分别需要几课时;第八部分是分课型的教学设计,是整个主题单元的主要部分。

表1　单元主题备课单

主题单元标题			
作者姓名	_____年级_____学科教研组_____	学科领域	
适用年级		所需时间	
课程整合内容			
主题单元规划思维导图			
对应课标和主题课程纲要			
主题单元学习目标			
主题单元问题设计			
专题划分	专题一:课型　课时 专题二: ……		
分专题教学设计			

　　工具有了,模板有了,下一步就是备课了。对于备课,我校提出充分发挥教研组团队优势,"真集体备课,集体备真课"的要求。集体备课的一般流程如下。

　　(1)学期开学前一周教研组共同研读教材、教学参考书、课程标准,共同研究学段目标、教材目标,确定教学进度;

　　(2)在某一单元教学开始的前两周教研组共同研读整个单元的内容,把握内容之间的纵横联系,确定单元目标,拟订好课型及课时目标;

　　(3)组内分工备课,个人自行备课,形成初稿;

　　(4)共同研讨,二次修订(修改部分用红色标示),形成定稿;

　　(5)在定稿的基础上制作课件。

　　3.研发观课单,开展真教研

　　以往的听评课,听课教师多停留在主观印象和质性描述层面,更多的是评价一堂课的优劣和教师教学水平的高低,偏离了改善学生课堂学习这一归宿。因此,我校在遵循县教研室制定的《中小学课堂教学评价标准》的基础上,结合高效课堂的特质和目标,借鉴外地先进经验,设计了《阳信县实验小学低年级高效课堂观课单》。观课单分学生表现和教师表现两个维度:学生表现维度由乐于学习、自主探究、合作共学、综合提升四个指标组成,并延展出 12 个观察要点;教师表现维度由板块活动、精致点拨、多元评价三个指标组成,并延展出 6 个观察要点。观课单如表 2 所示。

表 2 　阳信县实验小学低年级高效课堂观课单

维度	指标	观察要点	观察记录	得分
学生表现	乐于学习(10 分)	情景创设		
		趣味盎然		
	自主探究(15 分)	自主先学		
		问题驱动		
		主动质疑		
	合作共学(30 分)	合作互动		
		积极展示		
		善于表达		
		思维攀升		
	综合提升(15 分)	拓展延伸		
		综合应用		
		亮点频出		
教师表现	板块活动(10 分)	板块清晰		
		活动推进		
	精致点拨(10 分)	问题精炼		
		组织精当		
	多元评价(10 分)	内容多维		
		方式多样		

以二年级语文组"主题精读课"研讨为例,教研组在上课前两周进行单元整体备课,确立课型,分工备课,根据"主题精读课"研讨主题,确定执教人。接下来进行课前说课,执教人就预学单和教案在组内集体讨论、修改,其他成员针对学习目标是否明确、问题设计是否精确、板块设置是否清晰、方法指导是否具体、学生能否展开自学等方面各抒己见。然后进行课堂实践,进行 2~3 轮磨课,组内成员提出意见和建议,直到觉得此课比较成熟为止。

一周以后进行集体大研讨,全体学科老师参加,执教人先上课,全体老师根据任务观课,接着,聆听执教人说课,然后集体评课。这是教研活动最主要的环节。为了实现真研讨,在活动开始前组织者就对全体参与人员提出活动要求,参与人都有观课任务,都要进行评课,要有一说一、实话实说。评课过程中,不做理念上的争论与判断,只针对课堂现状进行梳理,对教与学的策略进行改进。

三、高效课堂建构的初步成效

(1)初步构建起语文学科单元教学体系,确立课堂教学模式。我校从语文单元整体教学出发,构建了"单元整合、双线并行、言意共生"语文课堂教学体系,把语文课堂分为"单元预学课""基础过关课""主题精读课""以文带文课""群文阅读课""读写结合课""整本书阅读课""综合实践课""综合检测课"九大课型,根据年级单元主题的不同适当增减。在此基础上,我们探讨设计出了"主题精读课"的基本上课流程:梳理疑难、确定起点,自读自悟、合作探究,展示提升、教师点拨,有感情地朗读、增强语感,归纳学法、综合应用。

经过对各课型的反复实践,我们总结形成了导学—共学—精点—趣习教学模式。

导学,即学生利用预学单,先自主学习,获得个人经验。这项工作是在课前进行的。

共学,即课堂上小组内的合作学习、展示交流,小组合作一般是组内进行共学,体现生教生、先进帮后进,使学生在自学的基础上,通过同伴互助得到进步。

精点,是教师发挥主导作用的一个过程,教师密切关注课堂教学动态,并能从中窥探、洞察学生的状态,针对学生具体的学情,及时调整并进行跟进式教学引领。

趣习,是检测教学效果的一种方式。这一项可以在课堂上进行,也可以在课后进行,形式可多样,内容可综合,难易程度需根据学生水平进行分层,目的是遵循差异性原则,对课上所学习的内容进行效果检测,让不同层次的学生都能通过检测获得一定的成就感。

(2)初步构建起数学学科"任务串"导学的四步八环节课堂教学模式。第一步导学,学生先学;第二步合作展示,讨论质疑;第三步问题交流,教师点拨;第四步拓展训练,反馈矫正。课前学生先预习,课堂上老师把讲的权力让给学生,尽可能多地创设让学生思考、辩论、质疑、表达的情境,激发学生的学习兴趣,培养其学习能力。该模式取得了明显的教学效果。

(3)点滴成绩。2018年,我校数学改革经验论文在《山东教育》发表;2019年,我校参与的滨州市主题式综合课程实验项目顺利结题,我校获得优秀实验学校称号,"融爱"主题式综合课程体系构建、数学"任务串"的设计与应用、"融爱"主题式综合课程教学模式探索三项实验成果获奖。最为欣喜的是孩子们的发展变化,他们的兴趣得到培养,能力得到提升,视野开阔、思维灵动、健康活泼、阳光快乐。

四、高效课堂建构,我们在路上

我校的高效课堂建构尚处于起步阶段,不够全面,不够系统,还缺乏深入研究。

从操作层面来说,一些课型的基本模式还没有明确,尚处于模糊阶段;一些工具如备课单、观课单在使用的过程中还有许多需要改进的方面。明确各种课型的基本模式,研制、完善年级的观课单是今后我校工作推进的重点。

从学科层面来说,我校高效课堂建构工作只是对语文、数学这两大学科进行了探索,今后还要向其他学科推广。

从课堂教学目标来说,践行高效课堂,要将教学的着力点细化到每一个学生身上,促进课堂教学的彻底转型,从而真正为每一个学生的发展服务。

构建高效课堂,我们继续坚定前行……

(本文为2019年6月笔者在阳信县高效课堂经验交流会上的发言文稿)

县城学校支持乡村教师培养策略初探
——以阳信县实验小学为例

一、缘起

百年大计,教育为本;教育大计,教师为本。党和国家历来重视教师队伍建设工作,做出了一系列重大决策部署。特别是 2018 年 1 月 20 日《中共中央 国务院关于全面深化新时代教师队伍改革的意见》的出台,更是把新时代教师队伍建设摆在了尤为突出的位置。面对新时期、新征程、新使命,教师队伍建设还不能完全适应。特别是乡村学校,虽然办学条件逐渐改善,硬件配备甚至比县城学校还好,但是乡村教师队伍老龄化严重,很多先进的教学设备闲置,造成教学资源的浪费;乡村教师岗位的吸引力差,导致教师流失严重;乡村教师结构不合理,造成城乡师资队伍发展的不平衡。这些严重影响着乡村教育教学的质量。

基于此,阳信县相继出台了《阳信县基础教育综合改革实施方案》《阳信县加快推进基础教育集团化办学实施方案》等文件,大力支持乡村教师培养,加强乡村教师队伍建设,实现县直学校和乡村学校均衡发展。

那么,作为拥有 40 多年历史的阳信县实验小学,可以为乡村教师培养做些什么呢?

阳信县实验小学坐落于阳信县城,始建于 1975 年,建校初期为"机关子弟学校",后更名为"阳信县实验小学"。截至 2010 年,学校一直是全县唯一一所县直小学。学校先后被评为山东省教学示范学校、山东省规范化学校、全国语言文字规范化示范校、全国足球特色学校、全国体育教学工作示范学校。现有 49 个教学班,2683 名学生,125 名教职工;高级教师 8 人,一级教师 67 人,平均年龄 38 周岁,老中青年龄结构比例适当。有县、市级教学能手,学科带头人 35 人,5 人进入市"三名"教师行列,9 人成为县名师工作室成员。这部分骨干教师以高尚的师德风范、先进的教学思想、科学的教学方式、灵活的教学手段、饱满的工作热情影响和带动学校教师队伍健康发展,并在各级各类教学研讨或培训活动中发挥着重要作用。学校历来重视师资队伍建设,健全教师专业发展考核机制,搭建教师专业发展平台,创设教师专业发展机会,营造积极向上的教研文化,并积累了丰富的师资培养的经验。以上均为支持乡村教师培养提供了有利的条件。

二、县城学校支持乡村教师培养的内涵和着力点

县城学校支持乡村教师培养,首要目的是通过提高乡村师资水平,为乡村学校培养"下得去、留得住、教得好、有发展"的合格教师,进而提高乡村教育教学质量,逐步实现与县城学校的教育均衡,吸引学生在居住地就读,有效缓解县城学校大班额的问题。阳信县实验小学通过集团办学、交流轮岗、送教送培、跟岗培训等方式为本校骨干教师提供锻炼的平台,使其发挥潜能、丰富教学经验、提高幸福指数,达到"1+1>2"的理想效果。

支持乡村教师培养的着力点在于:一是高质量开展乡村教师的全员培训,全面提高乡村教师的教学技能;二是加强乡村骨干教师培训,让部分年轻教师迅速成长,建立乡村教师培训梯队,进而让这部分教师发挥"传、帮、带"作用,实现乡村教师自身培养的良性循环;三是加强新教师职初培训,通过师徒结对、榜样引领等方式,尽快帮助新教师适应、立足乡村教育。

三、县城学校支持乡村教师培养的策略

(一)集团内的支持策略

阳信县实验小学自 2018 年开始进行集团化办学的探索,成立了实验小学教育集团联盟,与地域相近的第三实验小学和劳店中心小学组成集团校,与相对偏远的商店镇和水落坡镇所辖小学组成联盟校。一年来,阳信县实验小学积极按照县教体局关于教育集团办学的工作思路和要求,以"整体融入,深度交流,整合共享"为管理原则,充分发挥集团总部的示范和带头作用。

1. 文化互渗

一是理念融合。结合实际制定了《实验小学教育集团联盟章程》《实验小学教育集团联盟实施方案》《实验小学教育集团联盟年度工作计划》,通过启动大会和校长论坛,强化集团校核心办学理念,在发展方向、思想认识、核心理念、价值诉求上找到共通点,为学校的管理、发展、提升提供基础性保障。二是读书引领。实验小学集团总校向集团校发出教师读书倡议,启动集团校教师读书活动,成立教师阅读自组织。向集团校介绍教师读书经验做法,举办教师阅读推荐会,让每一学科的教师都找到适合自己的专业书籍。建立"教师共读"微信交流群,每天有一至两位教师线上分享读书收获,定期开展线下读书论坛。学期末,评出读书之星并进行颁奖。

2. 研训共享

建立教学研修共享机制,有计划、有目的地围绕教研共建、特色互补、文化互渗等组织集团师生有效开展活动,集团校之间、部门与部门之间、学科组与学科组之间相互交流,充分发挥各校的办学特色和教育教学优势,促进各校和谐发展。例如,集团校每月承办一次主题研讨活动,集团内相关学科骨干教师集中到一起,就承办校的实际教学需求展开深度研讨。阳信县实验小学举办了语文、数学骨干教师高效课堂公开课观摩活动,集团校劳店中心小学承办了班主任工作论坛活动,集团校第三实验小学承办了语文、科学聚焦课堂对话活动,联盟校水落坡中心小学承办了语文、数学、科学、英语的同课异构活动。按照集团校年度工作计划,其他集团校陆续开展复习研讨、集体备课、学校开放日等系列活动。研训共享系列活动的开展,使集团校之间密切了联系、加强了沟通、增进了情感,实现了抱团取暖、互通有无、共同发展的目的。

3. 师徒结对

近几年,各校每年都有新毕业的大学生入职,他们亟须骨干教师的帮带,可是有的学校同年级、同学科的老师不超过 2 位,能当师傅的老师更少。阳信县实验小学自 2011 年开始实施"青蓝工程",即骨干教师和年轻教师结对帮扶,旨在发挥骨干教师的传、帮、带作用,帮助青年教师快速成长。根据实际情况,阳信县实验小学的"青蓝工程"做法被进一步推广至集团校。首先确定师徒,获得过县级教学能手或学科带头人称号的老师可以当师傅,工作五年以内、未获业务称号的年轻教师作为徒弟。阳信县实验小学对集团校内能当师傅的骨干教师进行统计并将名单发布给每个学校,各校按需选取师傅。阳信县实验小学根据双方选择情况进行统筹协调,最终确定师徒结对名单。然后,各校分别举行师徒结对仪式,徒弟为师傅送上茶,签订结对协议,让师徒双方都有仪式感,并增强其使命感和责任感。接下来,师徒双方根据协议开展工作,师傅每月要上一节示范课,每月听一节徒弟的课,徒弟尽量参加比赛活动,师傅给予指导。为了保证活动效果,阳信县实验小学集团总校制定了师徒帮扶管理办法和考核细则,成立了师徒结对督查组,集团校的科研主任为组长,定期对师徒帮扶工作进行监督检查。学期末,集团总校组织开展徒弟的课堂教学展示活动,评选优秀师徒,促使年轻教师快速成长,效果显著。

(二)集团外的支持策略

1. 交流轮岗

2018 年,阳信县教体局出台《阳信县中小学校长教师 2018 年度县管校聘交流轮岗实施办法》,阳信县实验小学主动选派文玉燕和李金华两位骨干教师到乡村轮岗。两位教师都是学校的中层干部,文玉燕是学校的科研处主任、省级研修专家、市教学能手、县名师。李金华是学校的市学科带头人、计生干部。2018 年9 月,根据县教体局安排,她俩轮岗到流坡坞曹集小学,一位承担四年级语文教学,一位承担五年级语文教学。教学中,文玉燕老师发现农村孩子阅读量不足,学生手中书籍很少,于是她根据语文单元教学主题,每两周带领孩子借阅一次图书,并通过家委会、家长书信等方式实现了班级共读;在写作方面则是通过让孩子写《班级日记》的办法,促使孩子多观察、多记录,并根据时节带领孩子走出校园,走进麦田,开展综合实践活动,把农村资源与教学紧密结合起来。她的这些成功做法给其他教师很大启发。其他教师纷纷效仿,学生的学习活动丰富起来。

李金华老师是一位有着 20 多年教学经验的优秀教师,她经常带领其他教师针对教学中的难题进行研讨,如学生书写乱的问题、学生不写作业的问题、学生上课听讲不认真的问题、任课教师与班主任之间的配合问题。在她的带动下,晨读时间教师不再讲课,而是让学生朗读;午间,学生不再乱打乱闹,而是坐下来练字。

2. 特岗竞聘

按照《阳信县中小学教师队伍管理体制改革实施方案》要求,阳信县以农村义务教育学区为单位,每个学区设立一个特级教师岗位,实行任期制。为落实该项要求,阳信县教体局人事股、师训股起草了《关于做好阳信县农村学校特级教师岗位竞聘工作的通知》,要求在全县 10 个学区各设置了一个特级教师岗位。高建峰老师原来是阳信县实验小学的教务主任,2018 年 9 月他成功竞聘金阳街道中心小学的特级教师岗位。高建峰老师在特级教师岗位上除担任六年级一个班的语文教学工作之外,还兼任学校的教科研工作,同时充分发挥带头示范作用,为街道学区老师做专题报告两场,上公开示范课四节。"高老师来校之后,从教学到做人,我向他学到了很多,"金阳街道中心小学四年级语文教师曹树仁说,"尤其是他将单篇阅读改为群文阅读,让我受益匪浅。"

3. 跟岗培训

2018 年 11 月,阳信县实验小学承办了乡村新入职教师的跟岗培训工作,共有 14 位教师参加培训。为组织好本次培训,阳信县实验小学根据"入现场,问题探讨;结对子,跟进指导"的原则制定了跟岗培训方案,积极筹划准备,尽最大努力让参训学员学有所获。培训期间,跟岗教师最大限度地参与学校的课堂教学、校本教研、班级管理等各项工作。培训结束后为了让跟岗培训教师在自己所在的学校切实开展工作,阳信县实验小学推出"结对子,跟进指导"服务,对跟岗学校给予技术支持和后期培训指导。培训结束时的总结会上,跟岗教师纷纷表示收获特别大,被阳信县实验小学教师的专业素养和敬业精神所折服,在耳濡目染和潜移默化中受到了熏陶和浸润、得到了培养和锻炼,不仅提升了教育教学水平,还感受到了阳信县实验小学的办学文化,受益匪浅。阳信县实验小学还因此获得了首批阳信县中小学校长、教师培训基地的荣誉称号。

4. 外出"送道"

2017年,阳信县乡村学校均安装了交互式一体机教学设备,乡村教师特别是老教师对先进设备的应用基本是零基础。如何更好地将这些设备应用于课堂教学,成为阳信县乡村教师迫切需要解决的问题。

阳信县实验小学的孙婷婷老师对信息技术与学科教学融合应用很感兴趣,除研究多媒体软件如何应用外,还主动参加希沃公司的软件开发培训,成为西沃公司的金牌培训师。她组建了学校的信息技术与教学融合实验团队,帮助教师们很快掌握了希沃白板、授课助手、班级优化大师等软件应用技术,并将其熟练应用于课堂教学。应乡村学校之需,孙婷婷老师带领团队先后到本县域内的洋湖、商店、信城、翟王、温店五个乡镇为千余名教师进行信息技术培训。孙婷婷老师还应邀到德州、潍坊、菏泽等地对教师进行培训。

外出"送道",把真正的技术及其理念送给了大家,把课堂以及课堂背后的理念传递给了大家,让教师们不仅知其然而且知其所以然,有力地促进了乡村教师的专业发展。

四、成效与反思

在支持乡村振兴的大环境下,在教育主管部门和城镇学校等外力推动下,乡村学校干部和教师干事创业的主动性和积极性被激发,乡村教师培养呈现良好发展态势。例如,以2018年9月至2019年4月的数据来看乡村教师人才培养的效果:

一是乡村教师整体素质有了进一步提高。全员培训主要针对教师课堂教学和现代教学设备使用两方面。从2018年秋季县教学视导课堂教学效果来看(从全部任课教师中随机抽取),课堂教学中多媒体设备的应用已经达到90%,比往年提高13%,优课率由原来的58.6%提高到67.7%。

二是乡村教师梯队初步形成。乡村骨干教师的发展势头良好,本年度乡村教师的课题申报数量和论文发表数量不断增加。第三实验小学2019年成功申报国家级课题一项,商店、流坡坞、劳店等乡镇的教师在省级正规刊物共发表文章18篇。2019年,一名乡村教师入选全国百佳乡村教师候选人,乡村教师进入市、县第三批"三名"工程人选的比例较第二批提高7.8%。在全县第八批教学能手评选中,乡村教师通过率较上批提高8.4%。截至2019年4月,乡村骨干教师比例从原来的 19% 提高到 23%。由此可见,乡村骨干教师迅速成长。部分乡村学校实施了师徒帮扶工程,发挥骨干教师的传、帮、带作用,教师梯队框架初步搭建成功。这使乡村教师具备了较强的"造血功能",实现了乡村教师自身培养的良性循环。

三是乡村青年教师队伍稳定,发展良好。近两年来有青年教师落户乡村学校,流失率为 0,发展也相对稳定。2019 年全县教师职初培训中,一位乡村青年教师发言,一位乡村教师介绍自己的成长历程。在 2019 年青年教师素质大赛中,乡村青年教师的获奖率为 89%,比上年提高了 26.1%。

当然,在帮扶期间我们也遇到了很多困难。如集团校和联盟校正处在磨合期,很多活动还未在根本上发挥互相影响、互相借鉴、互相激发的作用。我们迫切需要相关专家给予指导,以让集团化办学尽快走上正轨。另外,资金问题也是限制我们进行跟岗培训、轮岗交流的一个重要因素,教师交通费、食宿费无法落实,常常导致很多活动不能充分展开,浅尝辄止。这些都是我们下一步要努力解决的问题。

乡村教师培养是一项长期而艰巨的工程,需要时间,需要持续的支持。作为县城学校,我们会全力以赴,以为乡村教师培养做出自己的贡献。

(本文发表于《现代教育》2019 年第 12 期)

构建校本课程体系,努力给孩子更好的教育

一、对"更好的教育"的思考

习近平总书记在党的十八大报告中指出:"我们的人民热爱生活,期盼有更好的教育……"到底什么样的教育是更好的呢?这是阳信县实验小学校长经常和我们讨论的话题,她说:"我们要把孩子的培养放在人的本位来思考。孩子首先是人,教孩子六年,就要想孩子 60 年。我们的教育必须给孩子一生受用的东西,能为孩子的一生发展奠基。我们培养的孩子应该具有健康的体魄、健全的人格、优秀的品德,还有良好的习惯和扎实的知识,这才是孩子一生受用的东西。我们培养的孩子要热爱祖国,热爱生活,无论以后在哪儿,都要能够成为人类文明的传承者和推动者。"基于以上思考,我们阳信县实验小学逐步明晰和确立了学校"融爱"办学理念,形成了"以爱修德,以学广才"的校训,明确了"怀仁爱之心,养美善之德,修儒雅之学,育阳光少年"的培养目标。

理念确定了,那么,怎样才能转化为行动呢?

我们知道,课程是实现办学理念的核心载体,而老师又是实施课程的核心主体。课程实施的好与坏,关键在老师,而困难也恰恰在老师。课程改革经历了十几年,虽然有的老师穿上了课改的"新鞋子",但是还有很多老师依然走着传统教育的老路子:有的老师特别依赖教材,一本教材、一本教案、一本教参,几本书就可以教完一科,而且多年一成不变。老师们日复一日、年复一年地重复着机械的劳动,按部就班,疲于应付,慢慢地对教育产生了倦怠,丧失了教育的热情,感受不到教育生活的丰盈、温暖和幸福。

这是制约我们发展的瓶颈,我们必须想办法唤醒或激活潜藏于老师们心底的热情和能量!很有幸,我们又遇上了新教育。

二、遇上新教育

2013 年 12 月,阳信县实验小学李新云校长带领学校十几位骨干教师在北镇中学的礼堂里听朱永新老师的报告,了解了新教育。2017 年的 4 月,李校长

带着部分骨干教师随市考察团南下海门,进行了为期一周的考察。在那里,她们见到了很多不可思议的现象:一位老师有无穷的潜力,可以一学期带领全班孩子共读十几本书籍;除了开设国家课程外,还能开设三四门课程与孩子们一起穿越学习;有的老教师退休后又回到学校,要求带一个班级实施自己的课程理念;有的老师以教一年级为最幸福的事;有的老师更有勇气,亲自教自己的孩子……

这一切让我们深有感触,这些老师明显拥有"自身认同与完整",也就是他们善于积极运用自己的内部力量,将个人、学生、课程整合起来,打造一个共同体,在属于他们的课程中不断地与真实相遇。他们找到了与自己个性相契合的教学方式,在每天与学生的相遇中获得了发展。这正是新教育所带来的、我们所期盼的教育状态——让每一个教师拥有"自身认同和完整"。经过反复论证,我们决定要搭建这个平台,践行新教育。

三、怎样做新教育

我们首先根据市、县教育方案精神,结合自身实际,确定了实施策略:不能靠学校单方面的命令推动,"我要求,你执行"方式下老师是被动的,也不能老师爱怎样就怎样,我们遵循"学校调控、骨干带动、双向选择"的原则,先鼓励骨干教师做起来。文玉燕老师作为种子教师率先学习、实施新教育。在她的示范带领下,加上学校为教师们创造的自由与自主的宽松条件、提供的足够丰富的资源帮助,充分激发出教师们的热情。新教育是面向全体一线教师的实验,门槛低,没有先来后到。只要你对教育有热情,有想改变的欲望、想进步的愿望,那么就可以加入这个队伍。每个人都是自愿加入的,都为了共同的理想走到一起,所以无论遇到怎样的困难,都要坚持、坚守。2017年,学校组成了十个人的新教育实验教师团队,确定了新教育的三个项目及三位负责人,即"营造书香校园""缔造完美教室""师生共写随笔"三个项目,分别由文玉燕、董翠平、宋秋红负责。

(一)新教育课程研发

研发卓越课程是每个新教育人都必须做好的事情。朱永新老师说,课程的丰富性决定着生命的丰富性,课程的卓越性决定着生命的卓越性。

在研发课程的时候我们也曾问过自己:"我们有能力开发校本课程吗?开发什么样的课程才能带领学生走向卓越?只有编写校本教材才是课程开发吗?"结论是:我们不必对课程领导力敬而远之,"摸"到能够过河的一块块"石头",是推动课程开发的重要条件。课程开发,说到底,就是师生们对自我的开发、对资源的开发,其开发出的是教育、生活和生命的一片新天地!晨诵可以成为课程,班会可以成为课程,考试也可以成为课程。课程的开发,就是要在学生成长的每一个时刻,让他们的生命变得丰盈而美丽。于是,宋秋红老师研发了"十岁生日"课程,家长们提来了蛋糕,学生诵生日诗,老师做十岁生日寄语,大家一起表演节目。就在学生十岁生日的日子里,老师用这一系列活动为他们送去了祝福,也为其留下了生命的烙印。田朝霞老师在班内开设了"月亮"课程,于是一系列诵月亮的诗歌化作学生的童声,赏月,画月,讲月亮的故事,一节丰富的"月亮"课程就这样留在了学生的心中。牟玉翠老师研发了"菊花"课程,和学生一起赏菊花,品菊花茶,诵菊花诗,交流对菊花的认识……卓越课程,不是一个苛刻的衡量标准,而是一个美好的理想、一个使命、一个愿景、一个朝向……

在这些老师的带动和影响下,在学校的整体策划和推动下,越来越多的卓越课程被开发出来。根据自身的专业优势和学科特点,语文老师开发了"经典诵读""快乐写字""美文欣赏""成语乐园"课程,数学老师开发了"趣味数学""生活中的数学""数学故事"课程,英语老师开发了"英语话剧社""快乐英语"课程,体育老师开发了"武术""太极""轮滑""花样篮球""啦啦操"课程,音乐老师开发了"舞蹈""合唱""葫芦丝""快板"课程,美术老师开发了"纸浆画""儿童画""我型我塑"课程。我们将这些课程进行了整合,形成了学校的"融爱"校本课程体系,分五个板块:第一板块为学科拓展课程(基本为语文、数学、英语等学科教师开发的课程),第二板块为教师特长课程(基本为音乐、体育、美术等具有专业特长的教师研发的课程),第三板块是教师创意课程(是教师根据自己和学生的兴趣爱好研发的课程,如"智慧拼插""智力七巧板""手工编织""围棋跳棋"),第四板块为新教育课程(包括晨诵课程、整本书共读、班级课程等),第五板块为德育课程(包括安全教育、主题班会、入校离校课程、节日课程等)。

(二) 新教育课程实施

无论是课程研发还是接下来的课程实践我们都坚持一个原则——从学生的成长需要出发!各位新教育实验教师开始扎根在自己的教室里。

1. 设计班名、班徽、班歌

新教育实验教师要特别设计自己所带班的班名,有阳光班、向阳花班、小蜜蜂班、彩虹班、小蝌蚪班、快乐动车班、蓝精灵班等。我们觉得,班名叫什么并不重要,重要的是它能够凝聚班级。教师有意识地将这些具象化的名字转化为精神意向,赋予班级以精神力量,让学生学习这种精神。

教师还要和学生一起设计自己班的班徽,并赋予其一定的含义,体现班级的特色。例如,向阳花班的班徽是一朵绽放的向日葵,寓意是:那紧紧地拥抱在一起的金灿灿的花瓣象征着学生在老师的关爱、呵护下健康、快乐地成长;绿色的叶子则象征学生的朝气蓬勃、乐观开朗。小蜜蜂班的班徽是两只可爱的卡通小蜜蜂,寓意是:学生像一只只勤劳的小蜜蜂,采花酿蜜。

还有些班级创作了自己的班诗或班歌,如小蝌蚪班的班歌是宋秋红老师自己创作的。

小蝌蚪班之歌

这是一群永不服输的小蝌蚪

畅游在一间新新的教室里

这里有顽皮

这里有睿智

有挥笔抒怀的欢快

这里也有诵读经典的童稚

难忘追逐嬉戏的快乐

他们的成长健康而神秘

这是一群可爱的小蝌蚪

在他们黑黑的外表下

永远跳跃着勇敢向前、五彩的心

呵护他们

引领他们

是青蛙妈妈一生不变的诺言

2. 实施儿童课程

在众多的新教育课程中,大家觉得儿童课程应该是最容易开展的课程。根据我校情况,新教育实验教师每周上三节晨诵课。晨诵内容由教师提前准备好,多数以 ppt 的形式呈现。学生建立了晨练本,画画,写写,摘摘,抄抄。以下是六(6)班陈润琦同学诵读完泰戈尔的《金色花》后仿写的一首诗。

我要变成一朵玫瑰

我要变成一朵玫瑰

就躲在阳台的花盆里

如果有人来,我就左躲右闪

我就等你来,向你眨眼

妈妈,当你轻轻搬动花盆

你知道那就是我吗

我要变成一朵玫瑰

就长在门前的花圃中

当微风吹来,我就送出香气

当那香气吹到你的面前

妈妈，你知道那就是我吗

在这种美好的氛围中，学生有了创作灵感。

3. 共读一本书课程

大部分新教育实验教师根据阅读推荐书目选择图书，能带领学生一学期至少完成三本书的共读。田朝霞老师在和学生共读后写下这样的感悟："我们精选书目，引领学生畅游书海，给予学生汇报展示的舞台。在共读一本书过程中，我们创造并拥有了共同的语言与密码，让阅读成为一种需要，成为一种习惯和生活方式。"我们要把阅读作为"过一种幸福完整的教育生活"的基础，与智慧对话，让我们的精神丰富起来，这是我们的梦想。

新教育理论认为，一门门课程就是一段段岁月。课程是什么？课程就是岁月。岁月是什么？岁月就是一个个平凡但不能虚度、不能浪费，更不容颓废的日子。"今天我们给儿童一个怎样的世界，世界就将还给我们一个怎样的儿童。"

我们有理由相信：一门卓越课程的影响是无限的！

四、我们所遇到的"庆典"

新教育人以"犟龟"自比，相信只要上路就一定会遇到"庆典"。在近两年的实验历程中，我们也遇到了大大小小的"庆典"，算作对我们的额外奖赏。

我校文玉燕和宋秋红老师被评为新教育种子教师、滨州市榜样教师、全国新教育实验优秀教师。我们学校也获得了全国新教育实验优秀学校的殊荣。更可喜的是，越来越多的老师加入了新教育实验。相比那些因循守旧的老师机械重复单调的工作，新教育实验教师的付出是巨大的，但他们的收获同样是令人欣慰的。他们经常笑着说："太忙了，忙得都喘不过气了。"但是，他们是阳光的、积极的，累并快乐着，因为他们相信"行动，就有收获"，他们坚信"坚持，才有奇迹"。

最让人感到欣慰的是学生的表现：学生在一门门课程中，兴趣得到培养，品质得到提升，潜能得到开发。每周四下午，是学生表现最活跃的时段，教室里的诵读比赛、汉字书写、情景剧表演，训练房内的吹拉弹唱、琴棋书画，体育场上的太极扇、武术操、健美操、跳大绳活动，真可谓百花齐放、争奇斗艳。

当然，这只是我们刚刚开始的第一步，未来的路还很长。我们会在不断探索中遇见更好的自己。但无论怎样，一切从师生的成长需要出发，努力给学生更好的教育，这是我们的起点，也是我们要达到的终点。

（本文为 2015 年 11 月 16 日笔者在滨州市新教育实验开放周启动仪式上的

发言文稿）

真教研,撬起教学精细化管理的支点

"假如给我一个支点,我就能撬起地球。"学校教学管理,也要精准选点,智慧施力。校本教研,作为教学常规的重要一环,开展得好,教学实际问题如备课、上课就会实施得好,教学质量就能得以提高,教师的专业就能得以发展,学校内涵就能得以提升。而真教研就是学校教学管理的支点。能解决教学中的实际问题,能满足教师的专业发展需求,能受到教师的认可和支持的教研活动称为"真教研"。反之,针对性不强,实用性不强,为应付检查、充实档案而组织的教研,则为"假教研"。

一、创设教研的机制和条件,为真教研提供有力保障

(1)组织保障。成立校本教研领导小组,选拔学科教研组长。成立校长为组长、业务校长为副组长、教务处组织实施、科研处协作实施、教研组具体实施的校本教研网络,让校本教研有了组织保障。选拔能干事、爱干事的业务骨干为学科教研组长,按时组织开展活动。

(2)制度保障。完善考核评价机制,发挥考核评价的指挥棒作用。修改《阳信县实验小学教职工综合考核方案》为《阳信县实验小学教师发展性评价实施方案》,提高"教学常规"权重,突出过程管理,校本教研和课堂教学所占权重一样。根据《阳信县中小学课后服务补助发放管理办法(试行)补充通知》制定了《阳信县实验小学激励性考核(考勤奖)办法》,将校本教研、考勤纳入日常考核。学校还制定了《年级组管理评估考核方案》《主题教研轮值组考核标准》等。一系列制度的实施,极大地约束和规范了教师的教学行为。

(3)条件保障。首先,保证教研的时间。之前,教研活动时间定为周三放学后一小时。实践证明,一是时间短,不够用,活动往往进行不完;二是教师归心似箭,心不在焉,保证不了活动效果。为此,学校论证后做了改进,把教研纳入日常工作时间。征得教师的同意后,每个周二的下午定为语文(道德与法治)学科教研时间,每个周三的下午是数学(科学)学科教研时间,周二上午的前两节是英语学科教研时间,周三上午的第一、二节课是音体美学科的教研时间,且都与教师原来的课堂教学不冲突,这样教师就可以心无旁骛、专心致志地参加活动了。其次,保证活动的场所。教室空间所限,于是学校在综合实践室安装了多媒体,配备了满足最大班额教学需求的桌椅,成为集体教研活动室,一室多用。学校还将办公楼阶梯教室重新装修为中型多功能教室,能满足百余人的活动需求。最后,保证活动的人员,主要是明确活动主题责任人,每次活动由哪个教研组承担,参加人员有哪些,明确责任主体。这些内容明确列在学校教研计划和学科教研组计划中。

二、规划教研的主题和形式,让真教研成为"有米之炊"

俗话说,"巧妇难为无米之炊",有了教研的基础和条件,之后要解决教研什么、怎么教研的问题。我们秉承"一坚持,两结合"的原则:"一坚持"就是坚持"问题导向",教研主题必须从实际教学中来,为解决教学常规实际问题而设计,为改进教学、提高质量而设计;"两结合"是指学校的教研主题既要结合教研室工作要点又要结合本校工作实际,各教研组的教研主题既要结合学校工作要点又要结合本组工作需求。这样,就做到了上下融通,一以贯之,避免校本教研的盲目性。

凡事预则立,不预则废。每个学期开学之初,教务处和科研处要提前一周制订工作计划、月工作台账,经教研组长和级部主任讨论,再经校委会审议确定。然后,各教研组长根据学校的计划要点确定本组的计划。以年学期为例,学校结合县教研室本年度工作要点和学校实际,把"集体备课""高效课堂""主题论坛"确定为三大教研主题,再细化分解到每个月和每个周,各教研组进行主题认领,明确实施主体,实行教务处统一组织下的教研组轮值制。这样一来,开学之初就明晰了校本教研的规划图和时间表,避免了校本教研的随意性。

三、规范教研的要求和程序,让真教研落地生根

为保证活动实施效果,让教研真实发生,我们实施了三步走战略,即研前充分准备—研中深度碰撞—研后总结评价。

(1)研前充分准备。以数学组"任务串应用"主题研讨为例,承担此任务的五年级数学教研组为了在全校集体研讨中呈现最好的集体备课成果,提前两周定好主备人即执教人(一般为年轻教师)。主备人先自主设计"预学任务串"和教案,然后在组内集体讨论。组内成员针对学习目标是否准确、问题设计是否明确、重点难点是否突出、方法指导是否具体、学生能否自学等提出修改建议。主备人修改后进行课堂实践,再经过2~3轮磨课,对每个教学环节反复推敲,直到最终完善。其他主题活动,如"质量提升论坛",教务处提前一周下发活动通知,要求教师做好发言准备,对发言的内容提出明确要求:突出重点,直面问题,查摆原因,提出改进和努力的方向。各教研组根据教务处的要求和本组实际情况进行分工。充分的准备为后续的集中研讨打下了坚实的基础。

(2)研中深度碰撞。以"高效课堂构建"主题教研活动为例。第一节课先由主备人上课,全体老师观课;第二节课,主备人说课后集体评课,这是教研活动最主要的环节。为了实现真研讨,在活动开始前组织者就对全体参与人员提出要求,参与人都有观课任务,有目的性地观课、评课,评课时根据观课点具体阐述自己的意见,必须做到有一说一、实话实说,不能只说优点和亮点,更要说出自己的意见和想法。评课过程中,让每一位老师充分发表自己的观课感受,让一切问题、困惑、建议、质疑甚至反对都真实地展现出来,互相启发,互相碰撞。不做理念上的争论与判断,只对课堂进行分析,抓住教师关注的关键问题,持续呈现教学现场,让大家看到高效课堂构建的可能性、看到学生的成长。

(3)研后总结评价。这是教研活动不可或缺的环节,主要包括四方面内容:一是承办组要制作一期活动简报,把活动的目的、意义、活动过程、活动效果总结提炼出来。二是老师们要总结反思参加本次活动的收获、对活动还有哪些意见和建议,写在校本教研记录本上,如果时间允许,可当场总结。三是活动组织者要进行总结评价,既要肯定成绩,激发老师们的学习热情,还要进一步提出要求,指出今后努力的方向。四是各教研组长要根据《主题教研轮值活动考核标准》对承办组的活动情况进行打分,考核结果是优秀年级组评选的重要指标。

四、成效与反思

(一)工作成效

真教研严格规范了备课、上课、批改作业、组织考试等教学常规标准,规范了教师的教学行为,因为教研的主题就是以解决教学常规问题为导向的。

真教研引领老师们走上了求真务实之路,形成了担当作为、狠抓落实的工作氛围,老师们从原来的抵触排斥到被动接受再到现在的积极参与和主动担当,深思考、讲真话、谋发展成为教学的主基调。

真教研使老师们得到了历练、收获了成长。在全县五学科研讨会上,我校教师代表或做专题发言,或执教公开课。孙婷婷被评为市教学能手,在滨州市信息技术应用大赛中获得第二名,代表市参加省级比赛;冯莹莹、郭新玲、丁红岩等被评为阳信县教学能手;魏国燕、田朝霞、张超、曹新跃、张宝东等代表县参加市优质课评选,分获一、二等奖。青年教师成长迅速,刘文倩只工作了三年就被评为县优秀教师,王晓茹只工作了两年就参加全县数学研讨活动,执教公开课,得到一致好评;还有巩绍珊、温永静、刘洁茹、宋娜等新入职教师的发展势头也非常强劲。

（4）真教研有力促进了学校教学管理的精细化，提高了教学质量。学校被评为全县教学工作先进单位、滨州市主题式综合课程实验先进单位等。

（二）问题与思考

（1）提升学校领导力。学校领导要有先学起来的专业自觉，站得高才能望得远，扎根深才能长得大。对当前教育教学改革精神的领会、方向的把握、校本化的顶层设计、校本研修方案的制定等，都需要学校领导有前瞻性，精准定位，科学安排，持续推进。

（2）提升骨干引领力。学校现有业务骨干的施训水平参差不齐。今后，需多邀请外地一线名师与知名专家"走进来"进行指导，或让骨干老师"走出去"到先进学校跟岗，开阔眼界，提高境界，增长本领，带领团队走得更高、更远。

（3）提升教师学习力。"未来的文盲不再是不认识字的人，而是没有学会怎样学习的人。"学习力就是竞争力，学习力就是生存力。学习力来自哪里？来自学习本身。教师理应努力成为具有学习力的人，唯有学而不厌的教师，才能教出学而不厌的学生。展望未来，"适应性成长"成为教师专业发展的新目标。在校本教研中，应尽量减少对教师的常规知识和技能的重复培训，要把教师宝贵的心智资源、体力资源、时间资源投入有挑战性的、创新性和有意义的问题解决中去，不断拓展教师应对新问题和新情景的知识与能力。

（本文为 2019 年 6 月 4 日笔者在阳信县中小学教学精细化管理经验
交流会上的发言文稿）

阳信县实验小学教师队伍建设之"青蓝工程"

一、背景分析

阳信县实验小学(简称"我校")是一所县直学校,创建于1975年。很长一段时间内,作为阳信县唯一的一所县直小学,我校接收县直各单位工作人员子女及相邻三四个村的适龄入学儿童,家长和社会对我校的关注度很高。我校拥有一支专业水平较高的师资队伍,师资实力雄厚。118名教职工,学历全部达标,其中35岁以下的青年教职工有25人。获得县级及以上教学能手或者学科带头人荣誉称号的骨干教师有30人。中学高级教师有15人,小学高级教师有70人。一直以来,我校秉承"让教师享受教育幸福,让学生体验成功快乐"的教育理念,坚持"以人为本,精细管理,和谐发展"的管理思想,取得了突出成绩,获国家级语言文字规范化示范校、山东省教学示范学校、山东省艺术教育示范学校等荣誉称号。

但我校也面临着新的挑战。首先,随着一所新的省级标准县直学校的建成,我校优质生源流失情况加剧。其次,教师,特别是一些已经晋升职称的骨干教师,安于现状,缺乏主动寻求突破、超越的动力,忧患意识和紧迫感不够强,尤其是面对教育出现的新情况,缺乏改变现状的激情与担当。而我校青年教师大多经验不足,所以在很多方面出现了"青黄不接"的现象。我们清醒地意识到,如果安于现状、因循守旧,势必要落后,必须选择一个平台,寻找一个突破口,才能改变现状,促进学校的内涵发展。

鉴于此,我们把改革的突破口放在教师队伍建设上,通过实施"青蓝工程",唤起骨干教师的进取意识,调动骨干教师的积极性,发挥其作用带动青年教师成长。"青蓝工程"采取自下而上、双向选择的形式组建,即在骨干教师和青年教师自愿的基础之上,双向选择,个别调整,组成师徒团队。其目的就是将骨干教师和青年教师拧成一股绳,以"传帮带"的形式进行资源共享,合作探究,合力提升。这将充分发挥骨干教师的示范作用,进一步加大对青年教师的培养力度,帮助青年教师不断提高教育、教学水平和教学科研能力,给青年教师搭台子、铺路子、压担子,激励青年教师尽快成长,脱颖而出,成为学校教学、科研的中坚力量。同时,通过同伴互助,实现骨干教师、中年教师自身的不断提高,整体优化教师队伍,打造一支结构层次化、实践专业化、发展可持续化的教师队伍。这是教育的呼唤,也是学校和教师的需要。

二、工程概述

(一) 指导思想

以科学发展观为指导,突出师资队伍优先发展的战略地位,遵循专业成长和人才培养规律,创新体制机制,为培养对象搭建加快发展的平台,充分发挥骨干教师的示范、引领、指导和辐射作用,推动全校教师队伍整体素质的提高,为促进我校全面、协调、可持续发展提供人才保障。

(二) 目标与原则

"青蓝工程"以一学年为一个阶段。通过有计划、有步骤的培养,使培养对象的职业道德、文化底蕴、教育管理能力、实践能力和研究能力等方面显著增强,引导骨干教师不断提升,引领青年教师不断进取、尽快成材,最终建设一支政治可靠、素质精良、业务过硬、作风扎实、纪律严明、结构合理、相对稳定的高素质教师队伍,以实现学校教育教学质量的可持续发展。评价坚持师德为先、注重业绩和作用发挥、统筹兼顾、公平公正等原则。

其主要任务如下。

(1) 理论学习和业务学习:师徒利用读书活动、网络教研、同伴互助等开展学习型教研,学习现代教育教学理论,特别是国家基础教育课程改革相关理论,内化和建立起与素质教育相适应的教育教学理论体系;针对所教学科开展业务学习,吃透教材,不断提高业务水平。

(2) 教学实践:师徒互助备课。师傅每月至少为徒弟上一节指导课;徒弟"一课多上"(先在本班上—修改教学预设—再到其他班上)和"一课多案"(在师傅指导下不断完善教学设计);徒弟每月至少上两节探究课。

(3) 教育教学研究:师徒教研,讨论解决教育教学实际中的疑难问题,每学年形成一个研究专题,开展研究,提升科研能力和教学水平。

(4) 经验总结:强化教师的反思意识和反思习惯,记录教育教学实际中的所思、所感;撰写教后反思(每课一篇)、教育叙事与案例分析(每月一篇)、经验总结与教育教学论文(每学期一篇)等,每学期师傅与徒弟在正规刊物上各发表一篇文章,从经验型向反思型、研究型、学者型教师转型。

（三）评价对象

"青方"：年龄为 35 周岁以下的青年教师。

"蓝方"：县级以上（含县级）教学能手、学科带头人。

（四）评价方式与方法

学校成立"青蓝工程"考核领导小组，采用过程性评价和终结性评价、定性评价和定量评价相结合的办法进行评价。评价严格按照《"青蓝工程"考核细则》执行。

三、实施过程

（1）成立以校长为组长的"青蓝工程"领导小组及以业务校长为组长的指导小组和考核小组。明确小组分工，责任到人。

（2）领导小组制定"青蓝工程"实施方案，对活动进行全程、全面、全员管理。

（3）指导小组定期召开青年教师培养工作会议，研究、分析青年教师发展状况，加强对"青蓝工程"的组织、管理、指导。选配指导老师，督促落实师徒结对。

（4）考核小组负责对"青蓝工程"进行考核评定和先进表彰。

四、评价结果的运用

学年末考核得 80 分以上者为优秀，在暑期考核总分中加 20 分；考核得 60 分以上者为合格，在暑期考核总分中加 15 分；考核得 60 分以下者为不合格，暑期考核时不加分。在"青蓝工程"中表现突出的青年教师，将作为学校的重点培养对象，优先安排外出学习或参加县级以上业务比赛活动。每学期末或新学期初，学校将表彰考核优秀的师徒对子。

五、效果分析

目前我校"青蓝工程"已经走过了三个年头，师徒听课达 30 多节，学习笔记达六万字，并取得了优异成绩。五名教师成为县"三名"工程人选，在县"三名"工程考核中为优秀；九位教师参加县优质课评选，其中七位取得了县优质课一等奖的好成绩；两位青年教师参加市优质课评选，获得市一等奖的好成绩；五名教师被评为市教学能手，四名教师被评为市学科带头人。

在工程实施期间，骨干教师凭借高尚的师德和对教育事业的执着感染了青年教师，增强了青年教师积极进取的竞争意识。青年教师积极参加各级各类教学比赛，形成了重实践、重思考、重提炼、重升华的职业习惯，提高了教师职业素质，在校内起到了振奋、鼓舞、引领其他教师的作用。

不仅如此，"青蓝工程"在县内也营造了良好的学习氛围。"青蓝工程"参与人员大胆开拓、好学进取的精神影响了身边的教师，在县内营造了一种互学共进、敬业乐业、比学赶超的良好氛围，成为县内教学领域一道亮丽的风景线。

六、思考和建议

（一）优势分析

（1）"青蓝工程"符合社会的需求，能打造有梯度、有层次、可持续发展的教师队伍，能保证教师队伍的稳定和发展。

（2）"青蓝工程"符合教师的需求。在"青蓝工程"实施之前，我校对青年教师和骨干教师进行了调查问卷与访谈，100％的青年教师渴望得到骨干教师的帮助和引领，以使自己尽快成长为学校中坚力量。而98％以上的骨干教师愿意帮助青年教师，并且希望在此过程中提升自己的能力。由此可见，"青蓝工程"既满足了青年教师上进的需要，又满足了骨干教师被认可的需要，为青年教师和骨干教师的不断进步、不断提升搭建了良好的平台。

（二）问题与建议

"青蓝工程"实施过程中，我们也发现了一些问题。语文、数学学科骨干教师和青年教师分配比例不够均衡，出现语文骨干教师少、青年教师多，数学青年教师少、骨干教师多，一师多徒、一徒多师的现象。另外，目前"青蓝工程"参与人员大多还停留在学科实践层面，理论研究不够，没有成长为研究型教师。

英国著名作家萧伯纳曾经说过："你有一个苹果，我有一个苹果，彼此交换后，各人手里仍然还是一个苹果；你有一种思想，我有一种思想，彼此交流思想，那么我们每人便有了两种思想。""青蓝工程"参与人员应本着"资源共享，优势互补，合作交流，共同进步"的理念，潜心教学，爱岗敬业，甘为人梯，无私奉献，在互帮互助中共同学习成长。

（本文获 2015 年山东省教育督导评价案例一等奖）

发展引领篇

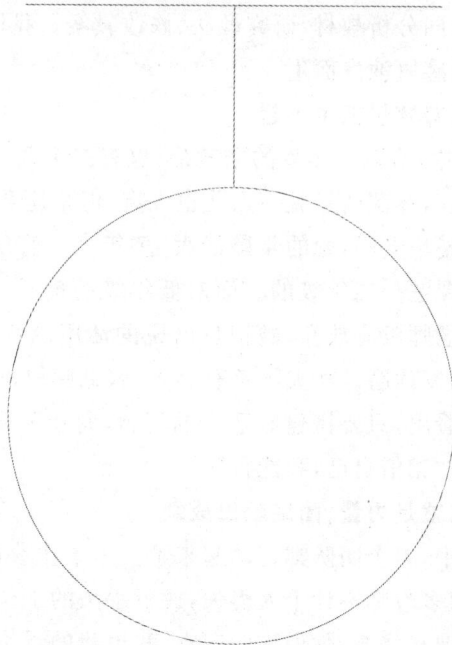

团结创造奇迹，梦想成就未来

　　为期两周的县优质课评选活动终于落下了帷幕，我校有10位教师参加了六个学科的比赛，均取得了不错的成绩，其中，七位教师获一等奖，三位教师获二等奖。教务处作为主要负责科室，承担了指导参赛教师课堂教学的重任，与骨干教师一起上阵，共同分析教材、研究教法、修改教案。我作为教务处的负责人，亲历了全过程，几分感慨油然而生。

第一，只要有梦想就了不起

　　10位选手中，有四十多岁的老教师，也有二十几岁的年轻教师，他们都是初次参加县级比赛，赛课的经验一点儿也没有，但是比赛结果比我们想象的要好得多。特别是张爱华老师，她的年龄最大，多年来一直从事高年级的教学，而她在比赛中抽到的课题是二年级的。面对低年级的孩子，课堂教学语言是她面对的最大困难。张老师没有放弃，她把自己说的话用录音机录下来，一遍遍地听，一遍遍地修改，反复琢磨。功夫不负有心人，张老师取得了中老年组第一名的好成绩。由此可以看出，只要搭建好适合的舞台，每位教师都可以跳出最美的舞姿。老师们，请记住"相信自己，我能行"。

第二，团结就是力量，团结就出成绩

　　这次活动中，整个团队都行动起来了。为了让参赛教师能取得好成绩、为学校赢得荣誉，很多教师不计个人得失，放下手头的工作去听参赛教师的课。特别是放学后的议课和修改，你说你的观点，我说我的看法，各抒己见，有时为了把一句话表述得更好，大家反复推敲、琢磨，直至最好。没有完美的个人，只有完美的团队。任何人的发展都离不开所在的团队，这是鱼和水的关系。要实现教师队伍的可持续发展，必须发挥老、中、青三股力量的作用，这三股力量必须手拉手，一起往前走。

第三，不打无准备之仗，机遇总是垂青有准备的人

　　对教师个人来讲，确立成长目标、做有心人非常重要，机会总是垂青那些有准备的人。优质课,不是当需要的时候才想起要上,一定要做长远打算,早计划,早准备,长则三五年,短则一两年。珍惜工作中的每一次锻炼机会,平时上好每一节课,因为"不积跬步,无以至千里;不积小流,无以成江海"。所以,应戒骄戒躁,利用一切可以锻炼的机会,不断获得个人成长的加速度,有勇气去挑战自我,有信心去承担任务。

对学校来讲,这次活动取得的成绩实属不易,参赛教师和指导团队都使出了浑身解数。今后,学校要把集体磨课作为校本教研的重点来抓,定期举办课堂教学比赛、教学基本功比武等活动,以此来提高教师教学水平。我想对教研组长和骨干教师说:传帮带的重任就在我们肩上,发展自己,成就别人,我们责无旁贷。

（本文为 2013 年 12 月 5 日笔者在阳信县优质课评选总结交流会上的
讲话文稿）

学习,思考,践行

老师们:

按照课堂教学改革方案,我校前段时间安排部分课改实验人员赴乐陵参观学习,并派部分教师观摩市、县教研室组织的优质课评选活动。今天我们召开外出学习体会交流专题会议,目的就是学习借鉴外校先进的管理和教学经验,推动我校的课堂教学改革。

从以上几位主任的发言中,我们深深地感受到,外出学习带给老师的不仅仅是思想的变化,更重要的是理念和行动的变化。因为时间关系,不能安排所有外出学习的老师一一进行发言,但需要说明的是,此前我认真阅读了所有外出学习老师的总结,他们的认识都非常深刻,收获非常大,并且把学习到的知识及时运用于教学实践。比如,田朝霞老师从外校训练学生"书写123"中受到启发,开发了"书写12345"教学方法;宋秋红老师外出学习后坚定了用小组自主互助学习的信心,并且尝试用第一课时设计导学案,让学生充分自学。

当然,也有极个别老师态度不够端正,写学习体会有抄袭现象,希望引起注意,下不为例。如果学习不能入脑,咱这样的活动就等于白搞,钱也白花,时间白费。我们要带着任务、带着目的去,学习后的反思很重要,如果不反思、不应用,学习就成了过眼烟云,收效甚微。

下面我结合自己外出学习和参加县教研室会议的精神,和老师们交流以下几点。

一、习惯养成是课堂教学改革的重要组成部分,应该引起高度重视

课堂改革首先应从学生的习惯养成抓起。我们的关注点是学生的学习习惯养成,包括课前准备的习惯、认真倾听的习惯、流畅表达的习惯、认真书写的习惯、专心致志的习惯、合作交流的习惯、自信大方的习惯、爱惜学习用品的习惯等。

在我参观的两所学校中,走进课堂,学生们不论是倾听、表达,还是阅读、书写都训练有素。

校园里,看不到学生追跑打闹,听不到学生大声喧哗。教室里,没有值班老师,学生也都有事干,他们以小组为单位进行周目标的检查,学校称其为"早检";中午,有的学生在字帖上描红,有的学生在写生字,学校称其为"午练"。

这些习惯是如何养成的?原来他们学校开发出了很多教育小产品。例如,把标语"入校即静,入室即学"写在每个教室的黑板上,时时提醒学生。"高雅从安静开始""校内不跑,楼内不吵,注意听讲,路队走好"像儿歌一样朗朗上口,易于学生接受,学生容易说、便于做。这样的教育,不是高悬空中的子虚乌有,也不是大而无边的空洞说教,而是具化成一个又一个可以操作的点,触手可及,并通过主题活动周的形式进行集中训练,常抓不懈。

我们要充分认识这种习惯养成在教学改革中所起的重要作用。学生良好习惯的养成要落实到每节课之中,每位老师都必须把学生的习惯养成作为最基本的教学目标来落实。习惯养成是所有学科老师的责任。

二、海量阅读是提升学生综合素养的重要手段

我参观的这两所学校还有一个重要的特色,就是让学生海量阅读,大量积累经典篇目。

小学阶段是学生记忆力发展的黄金时段,如果老师不能提供给学生足量的记忆材料,让学生背诵,就是对学生不负责任。上周,我校以"三项活动"评估为契机,发起了推进学生经典诵读活动。这件事必须做,而且要做好,早读10分钟、课前3分钟、课外阅读课都要利用好。

三、先学后教作为一条教学原则,必须严格贯彻

必须摒弃先讲后学的方式。尝试教育理论、金字塔理论、合作学习理论、多元智能等都主张学生是学习的主人,老师不能包办代替。在上周阳信县教体局召开的课堂教学改革推进会上,县教体局商局长专门就推进课堂教学改革、彰显学校特色发表了意见:首先,理念的转变是推进课改的前提。其次,以学生的自主学习为主,教学方式要适合学生。学生厌学常常是因为课堂出了问题,为什么不让学生自己学一学、查一查、写一写、做一做呢?判断一堂课的好坏,不应看老师是否讲得精彩,而应看学生是否学得主动;不应看学优生的表现,而应看学困生是否发表了意见。在课堂上应相信学生,尊重学生,把权力、空间和快乐还给学生,让学生真正成为学习的主人。

商局长分析了老师们不敢尝试先学后教的原因是"四怕":怕影响成绩,怕课堂纪律乱,怕完不成教学进度,怕后进生、中等生不适应。我觉得还有"一怕",就是怕麻烦。他说,老师们的这"四怕"是建立在自己的主观想象之上的,是建立在对学生缺乏信任的基础之上的。事实是不是这样？事实是，我们的这种主观想象与学生的主观能动性存在很大差距！在这个问题上，邱学华教授的比喻很恰当——一个人去一个陌生的地方，有三种方法：第一种是不动脑筋，跟着别人走，尽管一切顺利也省力，但离开别人自己再走就又不认识路了；第二种是自己找人问路，虽然费时较多，也可能会走弯路，但走了一遍后就不会忘记；第三种是先学会看地图，然后按地图的标示找到目的地，虽然费时一点，但学会了按图找路的方法，以后不管什么地方都能迅速找到，而且去同一个地点，可以找到几条不同的路线。这同我们的教学改革是一个道理。

今后，我们要以探索适合学生的教学模式、培养学生的学习习惯为重点。老师们不要怕麻烦，要明白现在费事是为了以后省事。

以上是我这段时间的一些思考，不当之处，请提出宝贵意见和建议，谢谢！

（本文为 2012 年 4 月 16 日笔者在学校教师外出参观学习专题总结交流会上的讲话文稿）

恪守教学常规应是教师的自觉

教师们：

本学期,我校出台了两项新的规定——《关于全体任课教师值早班和参加大型集会的规定》和《阳信县实验小学候课制度》。下面咱们对照规定反思一下自己做得如何。

一、关于值早班的情况

教师基本能按照要求及时到校组织学生早读等,但也有迟到现象。有的教师到班级后又去办公室,不能完全掌握班内学生的情况,更谈不上组织学生早读,达不到值早班的目的,教育效果大打折扣。重申规定：时间为早上7:40—8:10,共30分钟。要求做到：① 督促学生值日；② 督查学生安全；③ 指导学生早读或实施第二课程。

教师应反思：我迟到过吗？我组织学生早读了吗？值早班时我离开过教室吗？

二、关于大型集会的情况

开学以来共举行过两次升旗仪式,90%的教师按时到达,能做学生的表率,不交头接耳,专心听会。但还有10%的教师站队不齐,窃窃私语。

三、关于考勤的情况

开学以来,绝大多数教师能按时签到签退,考勤情况良好。但以下几个时间提醒教师们注意。

(1)关于签到,班主任8:00以前签到；其他教师8:15以前签到；下午签到时间统一为14:05以前。值早班教师在7:40以前签到。

(2)关于签退,班主任、年满48周岁以及家有高三学生的教师上午签退时间为10:55；其他任课教师一律从11:43分开始签退。下午班主任15:50可以签退；其他任课教师一律从16:38分开始签退。

(3)关于签条外出,一个月以来,有68人次签条外出,也有部分教师外出不签条。

　　另外，近期通过查班发现，有一部分教师尤其是年满 48 周岁的教师存在不坐班和不按时考勤的问题，不利于学校的统一管理，如果发生意外，学校负有疏于管理的责任。敬请各位注意，严格的管理是对教师负责，如果因为身体不适或家里有事情不能正常坐班，一定要请假。如果忘记签到或签退，请及时告知科室负责人，以便考勤统计。

　　关于管理疏漏，我想到了前几天发生在校园内的一件事：一个人冒充学生家长混进校园，大摇大摆地到每个教室，冒充新华书店工作人员，说校长已经同意让学生到校门口买书。我早晨来上班时，发现学校门口有很多家长在给孩子买书。我马上调查学生、调查教师，才知道了事情的原委。多亏处理及时，澄清事实真相，并通过校讯通向家长做了解释和说明，才没有造成严重后果。这件事说明，学校管理不细致，还有疏漏。上班期间，外来人员一律不准进校，居然有人进来了。另外，学校领导和教师沟通不够充分，没有让家长深刻意识到，凡是有收费的事情，一定会通过"一封信"的形式告知，绝不存在校长口头许诺的情况。

　　恳请教师们今后如果遇到类似有损学校声誉的事情、有害学生利益和身心健康的事情，要首当其冲问明白，能及时解决的，可以先斩后奏，不能解决的，要在第一时间告诉校领导或有关科室负责人。

　　四、关于候课的情况

　　自 9 月开学以来，教务处每周对教师候课情况进行监督检查，发现大部分教师能按阳信县实验小学的候课制度要求自觉执行，但也存在一些问题：在 9 月，一共有 11 人次出现迟到或中途空堂现象，教务处对此进行了详细记录，并记入年级组考核。这些考核只是手段，迟到或空堂看似小事，却体现了教师的师德，所以学校检查不是为了去抓谁的"小辫子"，而是对学生和教师负责，是防微杜渐，而不是亡羊补牢。希望教师们在以后的教学中增强时间观念，自觉执行候课制度，做学生的表率。

　　五、关于八个精心、四个标准的执行情况

　　这次考试，全体教师参加，考试秩序良好，成绩已公示。

　　9 月，教学常规检查发现作业批改中存在以下问题：

　　（1）学生的书写还没有引起教师足够的重视，部分学生字迹潦草，使用涂改液多，作业封面要整洁，不允许涂涂画画。

　　（2）部分教师布置的作业只追求次数，没有质量。

　　（3）部分教师的批改不规范，评价单一，甚至有的教师批改作业只打"√"。

　　（4）个别教师批阅学生作文的评语过于简单，缺乏针对性的指导。

检查发现备课中存在以下问题：

（1）部分教师的教案撰写次数不够，不完整。有部分教案缺少教学重点、难点和板书设计。

（2）教学反思流于形式，只是教学目的的再现，实效性略差。

六、近期规范教学管理的主要方面

（1）课堂教学方面：是否有候课、空堂、接打电话、课堂秩序不佳等现象。由教务处负责。

（2）办公行为：是否在岗，是否做与教学无关的事等。由督查室负责。

（3）学生行为规范方面：校内不跑，楼内不吵；两人成行，三人成列。全体教师要随时随地关注、督促学生良好行为习惯的养成。

（4）安排教师在楼道内执勤，每个年级组做好安排，一为保证学生安全，二为规范学生文明行为。

以上所述请各位对照反思，做得好的再接再厉，百尺竿头，更进一步；没做好的，及时改正。

今后，我们要从自身内涵发展上下功夫，不能只满足于备课、上课和批改作业，还要给自己定个目标、想个点子、搞点创新，考虑如何把常规的东西做成非常规的，当你真做成的时候，你就非同寻常。

（本文为 2013 年 10 月 8 日笔者在全校教师大会上的讲话文稿）

示范引领,担当作为

各位主任:

以上,各位都畅谈了学习李校长讲话的体会,认识都非常深刻,结合实际谈得非常具体,体现了咱们这支队伍高度的责任心和使命感。正是因为这样,我们的常规工作才能扎实推进,圆满完成一个又一个重大活动,释放了巨大的正能量,赢得了家长、社会的高度赞誉。

一直以来,我作为校级领导中的一员,没有和大家就如何做好管理、如何才能做个称职的中层干部进行交流,很是惭愧。李校长昨天讲到,教师之过,校长之责。这责是什么责? 疏于问,疏于纠,疏于教。没做到心中有数,看到了、发现了没有及时纠正,没有真正教给你们一些方法,只是让你们去悟、去学。

今天我和各位级部主任说说心里话,我觉得如果不说,我就是没尽到责任,这不是爱你们,而是害你们。

一、先谈谈我对级部主任这个角色及其地位、作用的认识

级部主任,处于"兵头将尾"的关键环节上,常常成为学校工作事务的集合点、工作关系的集中点、工作矛盾的聚焦点;是年级组教师们最信任的人,是他们的主心骨、带头人,是一个年级的精神领袖;是学校管理层的最基层,是学校运行链上的纽带和桥梁,履行上传下达的管理职能;是校长的得力助手,校长的管理思想都是通过你们来贯彻来实现的。

二、级部主任如何发挥作用

首先,要准确定位,了解自己。级部主任要想:"我不仅仅是一个好教师、好班主任,我还是一个中层领导,我在这个职位上应怎样提高不可替代性。级部主任不是谁想干就能干的,领导为什么让我干,而不让别人干? 我的优势是什么,我的短板主要表现在哪方面?"自己要看得起自己,不能将自己等同于普通教师,正如李校长所言,"自重则人敬,自轻则人轻"。我说这话,不是让你们摆官架子,而是说当你的人格和地位尊严受到别人的损害与挑衅时,当别人说了些消极的、

不负责任的话，做了违反学校制度的事时，他自己还没有意识到自己的错误，不仅影响到他自己还影响到整个团队时，你们不能听之任之，更不能随声附和。当教师们提出一些不合实际的利益诉求时，你们不能把自己当成"民意代表"，为教师争取这个、争取那个，替教师出头。面对教师们的牢骚、浮躁、松垮，我们要坚定立场，你们是校长的代表，你们要对学校负责，只有理解和认同校长的思路与观点，把校长的精神切合适宜地传达并执行，并通过你们的人格魅力影响和感染身边的人，让他们逐步认同和理解，你们才能越站越稳。

其次，赢得教师的信任和支持。在级部主任这样的管理岗位上，要想有威信，必须做到：以诚待人、以德正人、以情感人、以才服人、敢于负责。

（1）以诚待人。襟怀坦白、心胸坦荡、豁达大度、换位思考、为人处事兼顾各方面利益，才能取信于人。"你想别人如何对待你，你就要以同样的方法对待别人。"

（2）以德正人。必须有良好的师德、师风，有高尚的人格魅力，有公而无私的美德，有吃苦耐劳的作风，有乐于奉献的精神，对所干的工作更要"干一行，爱一行"，要干就得干出名堂。我认为级部主任还应该是教师的楷模、学生的榜样，用无声的行动去做有声的事情。遇事先考虑自己的利益，小肚鸡肠，斤斤计较，是不会有威信的；相反，吃亏在前，享受在后，身先士卒，就不会让别人踩着你的"脚后跟"、抓住你的"小辫子"。

（3）以情感人。原则上要讲党性，生活中需讲人性。关心人、体贴人、理解人，党性也要富于人性之中。考虑问题、决定事情，一定要以人为本，为教职工着想，为学生着想。

（4）以才服人。要有真本事，要有组织能力、决策能力、驾驭能力、协调能力、表达能力，不仅仅自己能做好，还要能调动大家的积极性。我认为领导应做到"四明"，即对己要明了、对人要明察、对事要明晰、处事要明白冷静。人最怕没有自知之明，自我感觉良好，处理问题切忌与部下争吵和较劲，大事莫激动，小事莫计较。做领导不能光凭人缘好，对事物提不出见地、拿不出办法、解决不了问题，领导应该是有德有才、德才兼备、群众认同、能出主意、想办法解决问题的人。

（5）敢于负责。有责就要有权，有权就要负责，在管理范围内要敢抓敢管、能抓善管。要在听取意见的基础上、在集思广益的基础上敢于拍板，敢于承担责任。对事物要有主见，既要尊重大家的意见，又不能事无巨细商量来商量去，否则，永远做不成事。看准了就去做，没看准就多思考，多调查研究。在这方面要做到"四敢"：敢抓、敢管、敢拍板、敢承担责任。看准的事情，一旦做了，就要坚持做下去，直到取得预期效果，决不能半途而废。

（6）团结带领各种类型的人，让每一个成员都支持你。注意用好管理对象中的三类人。一是能力较强的人。及时鼓励表扬，发挥他们在工作中的带头作用，使他们成为你的同盟军，并且鼓励他们敢于超越自我、超越领导，成为本组的佼佼者。二是个性明显的人。这样的人，往往思想敏锐，思考问题有独到之处；有人目光敏锐，分析问题深刻透彻；有人情绪外露，处理问题果断急躁；有人独具创意，不拘束缚。但他们往往自我感觉良好，容易听不进别人的意见。对这样的人要做到有雅量，尽量避开其短处，用其长处。三是缺点明显的人。"人非圣贤，孰能无过。"对于有着明显弱点的员工，中层管理者不能轻视、歧视他们，而是要努力成为他们的朋友，关心他们的感受，在理解、宽容的前提下，适时帮助他们克服缺点，从而找到自己的位置。

（7）严格要求自己。级部主任要有大局思想、全局观念，对学校的指示无条件执行，对学校安排的工作绝对服从，对学校安排的任务坚决完成。要求教师、学生办到的，级部主任必须先办到；要求教师、学生遵守的，级部主任必须先遵守；要求教师、学生不说的，级部主任第一个不说。

以上跟大家交流的其实也是说给我自己听的，我也要按照以上标准来严格要求自己，在工作实践中不断提高管理的水平和艺术。

恳请兄弟姊妹们，开诚布公，别存介心，一旦发现我工作中存在的问题，一定要及时指出来，这是对我最大的帮助，我会十分感激。有关工作中的困惑，要结合实际，采取措施，如果你的办法好，学校一定会支持。

（本文为 2014 年 5 月 20 日笔者在学校级部主任座谈会上的讲话文稿）

关于落实课堂教学规范的诊断报告

近期,按照第 19 个"教学常规月活动"实施方案的要求,我专门就"落实课堂教学基本规范"这个主题,先后听课 18 节,听的科目包括语文、数学、英语、科学等,其他科目是通过流动听课的形式进行的,并于听课的当天及时进行了评课。下面把落实课堂教学基本规范情况归纳梳理如下。

一、落实课堂教学基本规范较好的方面

(1)课前能较好地组织学生做准备。随着上课铃声的响起,学生们能自觉地做好准备,集中精神,准备上课。如董翠平老师自编学生规范三字歌谣,利用课前三分钟带领学生诵读。表现好的有刘连荣、董翠平、赵双等老师。

(2)能注意学生的课堂学习习惯。包括:听课的习惯,要求学生倾听同学的发言,同学回答问题时不要随便插话;回答问题的习惯,要求学生做到声音响亮,大方自信;书写的习惯,要求学生注意坐姿及握笔姿势。不论是哪种习惯,老师不仅能适时提醒学生,还能及时全面督查学生是否真正做到。表现好的有刘连荣、董翠平、侯金枝、魏国燕等老师。

(3)大多数老师善于运用激励性的评价手段,运用最多的是即时性的表扬和鼓励,有时用分数,有时用小贴画,有时用掌声,老师也不吝啬激励的语言,抓住时机,及时鼓励,以此来激发学生的学习兴趣,最大限度地调动学生在课堂 40 分钟内的学习状态,树立学生学习的自信心。表现好的有刘连荣、董珍珍、董翠平、赵双、付林林、宋新颖、杨奎燕、史金花、赵丽等老师。

(4)课堂学习目标的达成度较高。90% 的课堂能完成既定的目标任务,学习目标既注重基本知识、基本技能和过程方法,又能关注情感、态度、价值观的目标落实。

(5)老师都能运用多媒体辅助教学,充分发挥教学辅助资源的作用,制作实用的课件,有的老师还会利用卡片、录音、实物等,效果良好。

(6)部分老师能关注全体学生,体现"以学定教"的教学思想,发挥学生在课堂中的主体地位和作用,努力教学生学会学习。表现好的有史金花、郭新玲、杨奎燕等老师。

二、课堂教学中存在的主要问题

(1)课前三分钟不能有效利用。有的老师和学生在干等着上课铃响,白费了三分钟。(老师没有重视这段时间的利用价值)通过平时的观察和教务处关于候课情况的检查发现,在常态课堂中,各年级组存在不同程度的上课迟到现象,如此就更谈不上候课和课前三分钟的利用了。

(2)如何组织好教学是低年级最突出的问题。学生的自制力很差,一部分学生不能跟随老师的引导实施学习,有分神的,有做小动作的,老师关注不到,甚至有的课堂教学不能正常实施。

(3)老师不能有效照顾全体学生和关注个别学生。有的课堂上有三分之一的学生不能完成当堂课的学习任务。

(4)老师对学生的学习总是不放心,认为不讲学生就学不会,其滔滔不绝的讲解和分析代替了学生的思考和表达,无意中剥夺了学生学习的权利,严重影响了学生学习的效果。这样的课堂,老师讲得累,学生学不好。

(5)教学目标制定得不具体、不全面是最大的问题。有的课堂的教学目标定得太大,有的定得太高,眼高手低,头重脚轻。

(6)小组合作学习流于形式,鲜见真正的小组内有效合作,还有的没建立学习小组,有的小组只是为了合作而合作。

(7)老师对学生的口头表达关注不够,很多学生回答问题用一个词、说半截话,虽然也是针对老师的提问,但是不能完整地表述。

(8)大多数老师舍不得给学生足够的思考和组织语言的时间,没等学生思考,就着急组织学生回答,这不利于培养学生的思考能力,不利于学生养成积极思考的学习品质。

三、产生问题的原因分析

(1)教学观念。思想决定行动,行动是一个人思想的最直接的体现。如果老师把实施一堂课定位为自己怎样讲明白、讲透彻,只注意自己如何教好,而很少思考怎样让学生学好、学会,那么,课堂上就出现了如上所述的问题。叶圣陶先生告诉我们"教是为了不教",但很多老师的教就只是为了教。

(2)备课不充分。老师大多注重的是一堂课完整的教学环节的设置。有的老师拿到课题后,先上网查找有没有合适的教学设计和课件,觉得合适就直接拿来用,而忽略了对课程标准的研读、对教参的研读、对教材的研读,更忽略了对学生已有的知识储备、如何面向全体关注个体、如何因材施教等的研究。有的老还忽略了课堂作业的设计与练习,语文课上鲜见学生静心书写的环节,数学课上学生练得也少。

（3）老师忽视了课前三分钟的利用价值,没有思考这三分钟里学生可以干些什么。对于《山东省中小学教学基本规范》(简称《基本规范》)中所提出的"教师要提前候课"没有放在心上。

总之,出现问题的原因主要是教师思想认识不到位,而不是个人教学技能方面的问题。

四、今后的努力方向

进一步认真学习《山东省中小学教学基本规范》,特别是"教学管理"和"教学实施"两部分。现针对我们的教学实际,提出以下重点改进的方面。

（1）首先要转变观念。叶圣陶先生说,"教是为了不教",老一辈教育家的教育思想直到今天仍然像一盏明灯指引我们的方向。我们心中应该始终装着学生,始终为学生的成长发展着想,而不是为了完成一节节的教学内容。如果我们的目的是教学生会学,那么在课堂上我们就会按照陶行知先生告诫我们的"六大解放"去做:解放头脑,使之能想;解放双手,使之能做;解放眼睛,使之能看;解放嘴巴,使之能谈;解放空间,使之能"飞";解放时间,使之能"闲"。简言之,就是要给学生学习的主动权,给学生充分的学习自由。

（2）把工夫花在备课上。"台上一分钟,台下十年功。"老师要严格按照《基本规范》去做:"研究课程标准、教材及其他资源,分析学生的认知基础和情感基础,准确把握教学重点难点,预测学生的认知障碍等。教学目标设计做到明确、具体、可操作、可测评、可达成;课堂作业、课外练习设计具有针对性、层次性、差异性;重视教学活动的预设与生成;选择恰当的教学手段、学生学习方式和教学组织形式等。"归纳起来就是要做到"七备":备课标、备教材、备学生、备目标、备作业、备资源、备方法。

（3）上课时把学生的学放在第一位。《基本规范》要求:"坚持立德树人,尊重学生的学习主体性。处理好预设与生成的关系,创造性地使用教案,因材施教。面向全体学生,实施启发式、讨论式、参与式教学,倡导自主、合作、探究式学习,重视对学生动手操作、制作、演示与示范的指导,尊重学生经验,促进学生生活和学习经验与教材文本的连接。合理运用挂图、标本、录音、投影、录像等教学媒体辅助教学,积极探索现代教育技术与课堂教学的深度融合,实现教学信息化。加强反馈矫正教学环节,注重目标达成。"

（4）要善于利用时间的"边角料"。边角料是废弃的、无法再用于生产的剩余料、碎料,所以不被大多数人所注意,但是放到能工巧匠手里,它们可以变废为宝。这个意识还是 15 年前我在长春参加国培班时产生的。听课的时候,我发现那里的老师善于利于课前三分钟,要么诵读古诗,要么进行三分钟演讲,要么读日记,要么听写,要么速算。在这三分钟的活动中,学生充分做好了上课的准备,真是一举两得。希望我们也能成为聪明的规划师,帮学生规划这三分钟里都可以干些什么。

(5)要严格规范我们的教学行为。要端正态度,提高思想认识,严格要求自己。比如"候课"这件简单的小事,无须过多的脑力和体力,只关乎"态度",你不想迟到就不会迟到,你觉得迟到几分钟没什么要紧的就容易迟到。

愿我们能自觉、自律,按照《基本规范》的要求,既要尽力而为,更要全力以赴。

(本文为 2016 年 9 月 26 日笔者在阳信县第 19 个"教学常规月活动"
总结会上的发言文稿)

千层之台,起于累土

——一年级新任教师语文课堂教学诊断报告

2017 年 9 月 26—28 日,我集中听了一年级新任教师的语文课,共九节。我主要怀着三个目的去听课:一是观察教师的教学基本功、教学基本思想;二是观察学生们的课堂表现;三是针对实际情况进行具体指导。

一、总体印象

新任教师表现得比较老练、沉着、自信、大方。教学过程和环节完整,符合一般的课堂教学规律;均有较扎实的教学基本功,普通话标准,教学语言流畅,有亲和力,教学课件制作和选取得很合适。个别教师的教学素质较为突出,具有比较先进的教学理念,如教为主导、学为主体,关注课堂习惯,注重课堂纪律,密切联系学生生活。

学生的表现也不错,挺懂规矩,90%的同学能保持学习的状态,遵守课堂纪律,个别同学因为缺乏学习兴趣而做小动作,没有出现秩序混乱、教师无所适从、摁下葫芦瓢起来的情况。教师比较关注课堂纪律,能随时组织课堂教学。

二、课堂亮点

(1)关注德育渗透。每位教师都能结合教学内容,抓住教育时机,适时对学生进行思想品德、行为习惯、意志品质等教育。

(2)注重学习的趣味性。每位教师都能运用学生喜闻乐见的儿歌帮助识记汉语拼音。有的教师,通过教学生做手指操记忆字母形状,学生对这种体验式学习印象深刻。

(3)关注全体,照顾个体。教师都没有刻意追求课堂教学的完整性,而是注意每个学习任务的扎实落实。例如,"开火车"练习,给每个学生回答的机会。

(4)课堂评价的有效运用。教师对学生随时鼓励表扬,及时给予评价,巩固课堂教学效果。

三、存在的问题及原因分析

1. 教学设计问题

（1）学习目标定位不准。突出表现为教学重点和难点把握不准，教学内容安排不当。原因是教师对教材、教参研读不透，也没有进行集体研讨，而是凭着个人的认识和理解来定位目标。比如，教学六个单韵母，重点是读准六个单韵母的四种声调，难点是二声、三声、四声的读法，这是为后面学习声母和拼读打基础的，教师却把功夫下在了认识字母形状、怎样书写上面。这样说不是说辨别形状和书写不重要，而是相对于声调的读法来说的。

（2）缺乏系统思考和整体意识。教师对一节课的教学就只考虑这一节课，而没有把它放在一个单元的背景下考虑这节课的地位和作用，也没有把一个单元放在整册书的背景下考虑它的地位和作用，所以不能对所学内容建立前后联系。

（3）忽略了学情。主要表现为教师对六个单韵母的读音、书写反复教，教得很累，但学生没有兴趣。原因是教师对学生的汉语拼音基础不了解，不知道学生到底掌握得怎么样，只是主观地认为学生之前学得不标准，必须从头教起，所以做了很多费时、费力的事情。

2. 课堂教学问题

（1）学生的主体地位不能凸显。主要表现是该让学生读的、该让学生说的、该让学生思考的，教师都替学生做了，教师教得累，学生没兴趣，特别是有一定基础的学生觉得学习的内容没有挑战性，就会自己玩、不听教师指挥。正因为教师教得太多，没有给学生主动思考、表达、表现的机会，学生学习的主体地位才没有发挥出来。究其原因是教师没有树立正确的教学观念，不相信学生能做好，不放心学生能做好，没有建立让教于学的意识。

（2）学生的课堂习惯问题。主要表现在不懂得倾听、随便插话、表达不完整、书写姿势不规范等方面。产生这一问题的主要原因是教师对学生的这些细节关注不够，要求还不够严格。比如书写，写之前的准备工作一定要到位，座位摆正，身体坐正，两脚放平，正确握笔。一年级小学生养成良好习惯比学习知识更重要。请记住"磨刀不误砍柴工"，好习惯受用一生。

（3）关于课堂评价（组织教学）问题。教师之间有很大的差别，有的教师特别注意课堂评价，即时性地给予学生肯定、鼓励、表扬，如小组记分、欣赏的眼神、竖大拇指、点名表扬都利于激发学生学习的积极性。教师要懂得，评价很重要，对培养学生良好的学习习惯很有用。

四、改进的建议

1. 要加强备课研讨

首先要吃透教材,吃透教参。教参是最重要的备课工具和资源,需要反复研读,和编者对话,和文本对话,思考:我要教什么,怎么教? 学生要学什么,怎么学? 然后进行讨论,不懂就要问,可以随时随地进行讨论,可以进行集体备课,就个人的教学困惑进行讨论,共同确定教学的重点、难点。备课时围绕教什么、怎么教,学什么、怎么学四个问题来设计教学双边活动。还要基于落实课程标准和素养达成进行单元整体设计。学会使用全市统一的单元备课工具,将一个单元的学习内容进行系统设计,建立前后联系。

2. 要转变教学观念,让教于学

教师要想方设法让学生学。教师最大的作用是指导学生学,指导学生掌握学习知识的技能方法。教师应尽可能多地设计实践活动,让学生在积极地参与体验中学习知识、培养能力,让教师的教转变成学生的学。

3. 要关注学习兴趣,实施差异教学

教师要最大可能地照顾每个个体,让每个学生在每节课堂上都有所发展,让有基础的"吃"得好,让没基础的"吃"得饱。

4. 要加强理论学习

教师首先要学课程标准,《义务教育语文课程标准(2011 版)》是语文学科教学的行动纲领,我们的每一项教学活动都要从课程标准里找到理论依据。其次要学习《山东省中小学教学基本规范》《滨州市深化小学语文教学改革指导意见(试行)》,这是规范教学的指导性文件,具有很强的操作性。还要学习《中国学生发展核心素养》《中小学语文学科德育实施指导纲要》,这是落实立德树人教育根本任务的指导性文件。

以上是我听课后最直接的感受,谨以此表达我对新任教师的真诚期待!

学生教育篇

争做实小文明人

亲爱的同学们、老师们：

4月是全县中小学生开展"讲文明、树新风、争做梨乡文明人"的主题活动月。什么叫文明？先给大家讲两件我亲身经历的事情。

第一件事发生在潍坊市潍州路小学。

3月7日，我在潍坊市潍州路小学挂职培训。7:50，我来到学校，随着学生站成一队往里走。我发现只要有两人以上在校园里走，他们就自然地排成"1"字队形。我受到感染，也自然地加入他们的队伍。突然，国歌声响起，只见扫地的孩子放下手中的笤帚、簸箕，入校的孩子停下脚步，不约而同地面向国旗敬队礼。原来，这是学校每天都要举行的升旗仪式啊！我环顾四周，只见校园里不论是门卫还是执勤老师都已立正，面向国旗，向着国旗行注目礼。

通过这件事，你们觉得他们的文明表现在哪里？

虽然我校不天天举行升旗仪式，但是每周一次的升旗仪式是不是更重要？所以在这样的时刻，怎样做才是文明的？要肃立、敬礼、安静、精力集中，而不是交头接耳、窃窃私语。

第二件事发生在乐陵市实验小学。

3月29日，我们学校的10位老师到乐陵实验小学参观学习。为什么去？听说那里的小学生习惯养成特别好，我们就想去探个究竟。

因为对路不熟，所以到他们学校时已经8点了，学生已全部入校。校园里见不到一片碎纸，听不到任何嘈杂的声音。我们跟随引导员来到教学楼，走进一个个教室，大部分教室里没有老师。你们猜猜，学生在干什么？有的班在早读，有的班在早检。

课间，我们在走廊里碰上了部分学生。谁见到我们都会停下脚步，彬彬有礼地弯腰问一声："客人您好！"

中午放学，没有老师领队，学生自觉地排着"1"字队有秩序地走出校门，没有一个人大声喧哗。

更让我们感到惊讶的是他们走路的姿势那么标准,挺胸、抬头、摆臂,就像一个个军人,谁也不抢,谁也不追,就连拐弯也是按固定的路线。而此时并没有老师监督,没有执勤人员检查。

中午,还不到上课时间,学生在教室里在干什么? 他们自觉地在练字。

通过这件事,你们觉得他们的文明表现在哪里?

在校园里不喧哗、不追跑、有秩序、有规矩、有礼貌,这就是文明。

比照他们,你们觉得自己做的与他们有差距吗? 应该怎么做?

"微笑是我们的语言,文明是我们的信念。"请同学们记住这些,并化作行动,"入校即静,入室即学","校内不跑,楼内不吵","认真听讲,路队走好"。从自身做起,从小事做起,从家庭、从学校做起。

（本文为 2012 年 4 月 16 日笔者在全校升旗仪式上的讲话文稿）

战胜自己,超越自我

亲爱的同学们、老师们:

今天,咱们要在国旗下为在上学期期末考试中取得优异成绩的孩子颁奖。得到奖励的同学是怎么想的? 一会儿请获奖的同学代表发表一下获奖感言。

没得奖的同学也许会想,"今后我也要努力赶上并超过他";也许有的同学很不服气,"有什么了不起的,我也能得到";也许有的同学已经握紧了拳头,下定了决心要努力。但是,光凭一时的冲动,没有长期的行动,是实现不了目标的。今天,李老师教你们几招。

第一招:战胜自己

有人说,每个人的内心深处都有两个我:高尚的"我"和卑下的"我"。当你们课上想玩的时候,两个"我"就在打架,一个说应该玩,一个说应该学。如果高尚的"我"赢了,你们就会守纪律,反之就会不守纪律。所以同学们要随时提醒自己。你们可以给自己定个规矩,如果今天上课没有违反纪律或者一周没有违反纪律,就奖励自己;如果没管住自己就惩罚自己。你们可以在本子上画个表格,守纪律一天就画一个红五星,守纪律一周那就是满满的红五星,就会有成就感。虽然这些红五星一分钱都不值,但这是一种精神享受,因为你们战胜了自己。

第二招:坚守信念,不随意改变

在这里,李老师给同学们讲几个故事。

故事一:龟兔赛跑。

这个故事大家都读过,老师就不具体讲了。我只想问同学们,最后谁赢了? 是乌龟。为什么乌龟能赢呢? 因为乌龟具有坚持到底的精神。

故事二:青蛙与高塔。

从前,有一群青蛙组织了一场比赛,目标是登上一座很高的塔。一大群动物在塔下观看比赛,为参赛者加油。

说实话,旁观者都不相信那些青蛙能够爬到塔顶。"哎呀,这太难了! 它们永远无法爬到塔顶。""它们根本没机会成功。塔太高了!"

除了那些步伐特别稳健的青蛙,很多青蛙一只接一只地摔下来。更多的青蛙累了、放弃了,但有一只越爬越高,它不肯放弃!最后,其他青蛙都放弃了攀爬,只有那只青蛙,经过一番努力,成为唯一到达塔顶的青蛙!

同学们,你知道为什么只有那只青蛙成功吗?原来,那只获胜的青蛙听不到声音。它始终保持坚定的信念,听不到旁观者的话,没有被吓到。

(本文为 2014 年 3 月 3 日笔者在全校升旗仪式上的讲话文稿)

从遵守校园规范做起

敬爱的老师们、亲爱的孩子们：

大家上午好！

今天，是新学期第三个星期的开始，我们全体师生集合在国旗下上一节大课。今后每周的星期一，如果不是恶劣天气或其他特殊原因，我们都要按时在这里集会，每周一个主题，由一位老师来为大家上大课。这次大课，先由我来上。我有很多话想跟同学们说，今天主要说两个方面：一是总结开学以来同学们好的表现；二是对同学们提一些希望和要求。

第一个方面，开学以来同学们值得肯定和表扬的地方。

首先表扬的是一年级的小同学和一年级的全体任课老师。有以下三点值得表扬。

第一点，路队成形与分流又快又好，开学一个星期就基本走上正轨，很了不起。孩子们，老师要给你们竖大拇指，你们是最棒的。

第二点，入学很有秩序，很自觉地跟着大哥哥大姐姐按照规定路线走，很少有追跑着、打闹着入校的，特别是在上周的开学典礼上，一年级的小同学表现得很有规矩。

第三点，课堂秩序好。这是最令我高兴的。上周五，我听了一年级三个班的课，发现一年级的小同学在短短的半个月内就懂得遵守课堂规范，敬礼问好，回答问题先举手，声音洪亮，大大方方上讲台当小老师，一切行动听老师的指挥。

能做到这三点对刚刚进入一年级的小同学来说是很了不起的。让我们用掌声鼓励一年级的小同学，希望他们再接再厉。

为什么他们能做得这么好？我们要感谢一年级的全体任课老师，特别是班主任。今年一年级的入学人数是近十年来最多的，孩子们那么小，而且对习惯的训练都是从零开始，管理与训练难度可想而知。但是在一年级全体教师的辛勤付出下，孩子们短期内迅速达到入学教育的最佳效果，让我们掌声感谢一年级的

老师们。

其次,表扬的是其他年级的同学们。

第一点,暑假生活过得好。开学第一周的星期五下午,学校以年级为单位举行了暑期创新作业展评,同学们的作品非常丰富,精美的手工制作、成册的暑假日记、一张张精心设计的手抄报……这一张张、一本本、一件件作品,是同学们充实的暑假生活的展现。在这次评选中,六年级和三年级的成果非常突出:有的同学参加各种兴趣小组,向老师学习,向小伙伴学习,增长了不少知识和本领;有的在爸爸妈妈带领下,外出旅游观光,开阔了自己的眼界;有的广泛阅读课外书,丰富了自己的知识;还有的积极参加公益活动、家务劳动,提高了自己的动手能力……一个假期,大家过得丰富多彩、有声有色。

第二点,一日常规执行得好。虽然有近两个月的时间没到校,但是一开学,从踏进校园的第一步,同学们就自觉地遵守路队、入学、卫生、课间操等方面的规定,可见已经形成习惯。

第三点,少先队执勤好。为了全体同学上放学安全、有秩序,他们来得最早、走得最晚,坚守岗位,尽职尽责。他们是实施学生自主管理的典范,同学们要向他们学习。

第二个方面,同学们的表现也有不尽如人意的地方,让老师们很担心、很着急。也许你们不曾注意或觉察到,借此机会,我代表老师们表达一下心声。

第一,你们的心还没有完全收回来。好多老师和我交流,反映同学们在课上的注意力不够集中,有的无精打采,有的交头接耳,作业书写潦草,出错多,家庭作业不按时完成,还得让老师催着补作业。第二,安全意识不强,比如,上下楼梯不靠右边单人成列走,有的在院子里追跑打闹,有的爬窗台、爬栏杆,有的蹦台阶。第三,有的班级课间跑操队伍不整齐,步伐不一致,口号不响亮,在跑操的过程中说笑,走走停停,很不规范。第四,课间十分钟太喧闹,在楼道内追逐、吵闹、说笑。

针对以上四个问题,提出以下四点要求,希望全体同学严格要求自己。

第一点,遵守规则。俗话说,"没有规矩,不成方圆"。我们学校制定了《小学生一日常规》,具体规定了上放学、课间操、上下楼梯、上课、升国旗的要求。还编写了校园规范歌谣,我们一起背一遍:入校站队,挺胸摆臂,上下楼梯,不拥不挤;校内不跑,楼内不吵,见到老师,敬礼问好;两人成排,三人成列,入室即静,入座即学。

第二点,把每节课上好。不仅要上好语文、数学、英语,也要上好音乐、美术、体育、信息、综合实践等课程,不要认为这些课不重要,我们要全面发展,就得重视这些课。上音乐课你得把笛子带来，上体育课你得穿好运动鞋。最重要的是要遵守课堂纪律。我们总结出了一条规律：班级中考试成绩居上游的同学，都是会听课的同学，都是自制力强的同学，他们不会因为同桌做小动作而影响自己，不会开小差，精力总是高度集中，总是抢着举手回答问题。在课堂上，我们要认真听讲、积极思考、踊跃发言。

第三点，把作业做好。做作业是巩固所学知识最有效的手段。"好记性不如烂笔头"，写得好、练得好，就学得牢、学得实，就不会出现"一看就会，一做不对"的情况。马虎大意就是因为练得少造成的。把作业做好还有一个好处，就是可以查缺补漏。你在课堂上忽略的东西、搞不清楚的东西，可以通过写作业、问同学、问老师、问家长加以弥补。

第四点，把活动搞好。在学校里，我们可以参加哪些活动，你最喜欢什么活动，要做到心中有数。本学期，每周四的六、七节课，四至六年级的同学要实行选课走班，同学们可以根据自己的特长爱好，选择一门最适合自己的课程来学习。

本学期，我们学校将实施一项大的工程，即创建省级规范化学校。市里的验收团在国庆节后来学校验收，我们要争取顺利通过验收。要达到这一目标，需要全体师生的共同努力。对同学们来说，做好上面的四点就行。老师们除要完成教学常规以外，可能还要为迎接验收做更多的工作，需要付出更多的努力。

老师们、同学们，目标任务已经明确，让我们加足马力行动起来吧！期待大家更好的表现！谢谢大家！

（本文为2014年9月15日笔者在全校升旗仪式上的讲话文稿）

懂得感恩,做合格毕业生

——致即将毕业的孩子们

亲爱的同学们:

刚才每个班的同学代表都表达了对母校、对老师、对同学的感激与眷恋,少先队大队长代表全体六年级少先队员发出了"我为母校添光彩"的感恩倡议。下面我代表老师、代表学校跟同学们说说心里话。

今天的升旗仪式不同以往——只有我们六年级的同学参加,这是为什么?因为你们快要毕业了,将要离开生活了六年的校园,离开朝夕相处的同学和老师,你们人生第一段的学习生涯只剩下十几天。同学们,校长和老师对你们非常不舍,觉得还有很多事没为你们做,还有很多的叮咛和嘱咐没跟你们说。所以,借此机会,我把校长和老师所要表达的千言万语汇作一句话:"孩子们,要懂得感恩!"

为什么呢?"羊有跪乳之恩,鸦有反哺之义""滴水之恩,涌泉相报""谁言寸草心,报得三春晖",这些都是祖先为我们留下的教诲。一个懂得感恩的人,对社会、对他人、对生活和学习会充满感激,而且,这种感激之情会转化成刻苦学习、勤奋工作、孝敬父母、奉献社会的动力和行动。感恩,是一种生活态度,是一种品德,是一种责任。常怀感恩之心,人与人、人与自然、人与社会就会变得更加和谐。我们自己也会因为这种感恩心理的存在而变得更加愉快和健康。

也许有的同学认为,还有十几天就离开学校了,还有教育我们的必要吗?不是的,同学们,这是我们的教育责任之所在。哪怕你们在校一天,我们的师生关系就存在,我们就有教育的责任。即便你们走出校门,走上社会,也抹不掉你们曾经是阳信县实验小学的学生的痕迹,20年后,我们将以你们为荣。

也许有些人的感恩之心在慢慢隐匿,取而代之的是抱怨、不满、不平衡。面对关爱自己的亲人和老师,有些人却抱怨他们太过唠叨或过于严格;面对现在的学习环境和条件,有些人却抱怨它不够优越;面对现在的物质生活,却不懂得珍惜,觉得这一切是应该的,只知道一味地索取。由于抱怨太多,有些人失去了做人和做事的准则,没了规则,丢了责任;由于抱怨太多,有些人忘记了感恩,忘记了应该怎么做。

跟同学们讲个真实的故事吧。2014 年 5 月 30 日是陕西长武县中学高三学生在学校的最后一天,下午他们就将放假回家,准备迎接即将到来的高考。上午10 点多,一场疯狂的撕书活动在高三教学楼内上演。高三学子们通过撕书宣泄压力,以表明"最后一考的决心"。因为担心学生会在撕书、扔书时"夹杂"暖水瓶等危险物品,当天学校特意安排了老师制止学生的疯狂行为,结果因不满老师制止撕书行为,六名高三学生围殴一名 50 岁的老师,造成老师头部受伤。

对于这件事,你们怎么看? 当月的《中国教育报》评论说,"撕书殴师"是逾越底线的病态狂欢,他们逾越的是道德底线、规则底线、责任底线、法律底线,他们连对师道尊严都没有保持最起码的尊敬,他们的这种张扬和躁动突破了道德的范畴和法律的底线,使年少青春成了"无知狂妄"的代名词。多可悲呀! 等待他们的是法律的制裁。

孩子们,你们正值年少,处在对是非善恶似懂非懂却又固执自信,想极力挣脱禁锢,渴望获得独立与自由的懵懂阶段,你们面临人生第一段学习旅程的结束又将面对新征程的挑战,必定会心存躁动和不安。但是,无论如何,你们要把持住底线,那就是必须懂得感恩。

你们要感恩集体。感恩集体中的每一个人给予的关心、帮助和支持,珍惜集体共有的每一份荣誉和成功。如果心存感恩,当和同学有了矛盾时,哪怕再委屈,也会用正确的方法去化解矛盾,而不是大打出手。因为你们知道,同学不是敌人,而是好伙伴,要珍惜这份友情。

你们要感恩老师。如果心存感恩,就不会因为违反纪律受到老师的批评而感到委屈。因为你们知道,老师是在真心地帮助你们,自己应该理解老师的良苦用心。如果你们心存感恩,就会自觉遵守课堂纪律,而不会因为这节是音乐课、美术课、体育课或信息课就大吵大嚷、无所顾忌、无视老师。

希望你们学会尊重时间,尊重学习,尊重他人,最重要的是尊重自己。上周二,校长主持召开了六年级的任课教师会议。会议的主题是:6 月,我们怎样和孩子们一起度过? 我们要给孩子创造怎样的教育,让他们能记住学校的好,记住老师的好,让他们在人生路的第一段学习旅程中不虚此行呢? 每个老师都表达了对你们的迫切期望,表达最为强烈的是让你们那颗感恩的心更强大。

同学们应从现在做起,从身边的每一件事情做起,珍惜生命中的这段旅程。

因此,我希望同学们从以下几点做起:

(1)首先要勤奋刻苦,学业有成,从而有能力报答父母、社会和国家。

(2)珍惜自己和同学相处的每分每秒,不要因为自己的鲁莽和任性给对方造成伤害。

(3)珍爱老师的劳动成果,用优异的成绩回报老师的谆谆教导。

(4)爱护学校的一草一木、一桌一凳、一砖一瓦,不去故意破坏。

当然,你们能做的不仅仅是这些,我只是想让你们通过做好身边的每件小事来进一步培养爱心与社会责任感。同学们,积极行动起来吧,把感恩这一传统美德发扬光大!

(本文为 2016 年 6 月 13 日笔者在全校升旗仪式上的讲话文稿)

培育爱国情怀,请从提升文明素养开始

敬爱的老师、亲爱的同学们:

国庆长假期间,中央电视台发起一个讨论话题:爱国,让你想起什么。记者采访了好多人,问到老人,他们想起祖国强大了,今天的幸福来之不易,年轻人应该好好珍惜,更加发愤图强;问到年轻人,年轻人想到了老一辈对他们的期望。记者如果问我,我想说的是,爱国是一种情感,更是一种责任。爱国,让我想到了文明。爱国体现了一个人的文明程度,爱国的口号喊得再响亮,但与行动不符,那就不算爱国。

爱国,首先要爱我们自己的家,爱我们自己的学校。怎样才算爱学校呢?做个讲文明、懂规矩、守规范的小学生。在校园里,你做过哪些文明的事呢?有谁在没有老师和同学发现的情况下,看见废纸或垃圾袋或塑料瓶就主动把它们捡起了呢?如果你做到了,你就是个文明人。老师会给你竖大拇指,同学们会拿你做榜样,向你学习。做个文明人就是这么简单,弯腰捡起一片碎纸,你就把一片文明装进了你的心里。

做个文明人,还要守秩序、懂规矩。在校园里我们要懂哪些规矩呢?

关于说话的规矩:声音、语气要平和,要表现得温文尔雅,自然大方,彬彬有礼,不做作,不扭捏,不说脏话,不大声喧哗。我们平时经常碰到这样的情况:有一个同学,想告诉走在前面的同学一件事情,唯恐他听不见,就大声吆喝;有的小班长,为了让同学们安静,自己拿着小棍子敲得桌子"哐哐"响,那响声在院子里都听得清楚;还有的同学有口头语,喜欢说脏话。这些行为都是不文明的。

再说走路的规矩:上放学站队走,上下楼梯靠右行,平时走在院子里,两人成行,三人成队。这些规矩相信同学们都懂,但我想问,你们做到了吗?

关于校园里的规矩还有很多,如不随地吐痰,不乱涂乱画,不随地大小便,不攀爬栏杆。

大声喧哗、追跑打闹本没什么错误,但我们最终是要走上社会、成为社会人

的。社会是有规矩、规范的,是有法律约束的,不能为所欲为。人要想真正成长,就必须接受教育。所以,今天我们还是要讲文明、守秩序、懂规矩的话题,今天讲,明天讲,天天讲,时时讲,处处讲。我们要做高雅文明的社会人,就要从安静开始,从弯腰捡起一片碎纸开始,从两人成行、三人成队开始。

希望从今天开始,同学们自我约束,努力做出文明的举动。全体老师要做孩子们的表率,发现他们一些不文明的行为要主动制止,带领他们一起步入文明的殿堂。

有三句话和大家共勉:

如果你失去了今天,你不算失败,因为明天会再来。

如果你失去了金钱,你不算失败,因为人生的价值不在钱袋。

如果你失去了文明,你就彻彻底底失败了,因为你已经失去了做人的真谛。

(本文为 2016 年 10 月 10 日笔者在全校升旗仪式上的讲话文稿)

家校共育篇

为了孩子的健康成长

尊敬的各位学生家长：

下午好！

因"为了孩子的健康成长"这个共同的目标，我们在此相聚。你们的到来是对学校工作的关心与支持，我们感到无比欣慰和振奋！

学校召开这次家长会的目的是进一步加强学校与家长之间的联系，共同探讨教育孩子的科学方法，形成家庭教育与学校教育的合力。借此机会，我向大家介绍一下学校的基本情况。

一、学校的基本情况

学校创建于 1975 年，至今有 37 年的发展史。在县委县政府、社会各界的关心支持下，在学校历届校长的领导下，全体师生同心同德，勤奋工作，使学校发展蒸蒸日上。首先是学校的规模逐步扩大，由原来的 15 个教学班扩到 42 个教学班。教学设施也逐步向现代数字化迈进，学校筹建 400 万元建成的建筑面积 4000 多平方米的五层综合教学大楼将于明年投入使用，学校的硬件设施达到了省级规范化标准。学校现有 114 位教职工，其中市级以上教学能手、学科带头人有 35 人。

二、培养目标

国家的教育方针是："坚持教育为社会主义现代化建设服务，为人民服务，与生产劳动和社会实践相结合，培养德、智、体、美全面发展的社会主义建设者和接班人。"《国家中长期教育改革与发展规划纲要(2010—2020)》提出基础教育改革的战略主题是"坚持以人为本，全面实施素质教育"。而推进素质教育的重点是"面向全体学生，促进学生全面发展，着力提高学生服务国家、服务人民的社会责任感、勇于探索的创新精神和善于解决问题的实践能力"。

作为校长，我经常思考这样一个问题：孩子们在校六年的时间里到底应该学什么？我们的教育必须是着眼未来的教育，必须给孩子一生受用的东西。这一生受用的东西有哪些？我想首先应是健康的体魄、健全的人格、优秀的品德，这些是孩子一生发展的基础;然后是良好的习惯和扎实的知识(包括学习的、生活的、与人交往合作的、实践创新的等等),这些是孩子一生发展的根本。

三、如何实现我们的培养目标

要实现培养目标必须确立教育理念。教育理念是实现学校教育目的的精神支撑和行动纲领。我校本着"以人为本、精细管理、和谐发展"的管理思想和宗旨,确立了"让教师享受教育幸福,让学生体验成长快乐"的教育理念。在此理念引领下,我们通过四大途径实现教育目标。

第一,有效管理——实现培养目标的基础。

"规范管理与人本管理相结合"是我校管理的特色。我校在 2011 年制定了三年管理规划:第一年为管理规范年,通过优秀年级组的评选规范教职工行为;2012 年为管理创新年,实行年级组值周制,人人参与学校管理;2013 年为特色呈现年,改造学校组织架构,借鉴海尔人的"倒三角组织理论",让每个年级组都成为自主管理团队,实现教师自我约束、自我管理。

在学生管理方面,我校坚持德育为首,育人在先,让学生先成人再成才。我们认为学生的成长重在过程,应让学生在过程中发展、在发展中成长。

我校自 2008 年每年都开展三项活动,即感恩教育、经典诵读、科技创新活动。今年我校又制定了举办校园节日的活动方案:每年的 6 月和 12 月举办校园艺术节,每年的 5 月和 10 月举办校园体育节,每年的 4 月和 11 月举办校园读书节,以此来塑造学生的人生观和价值观,提高他们的是非判断能力和审美能力,塑造他们的民族意识和创新精神。

为有效促进学生养成良好的行为习惯,2009 年,学校出台了《实验小学学生学习活动规范》,让学生全程参与常规管理工作;开展评选智慧星、文明星、劳动星、艺术星等活动,一月一小评,一学期一大评,定期在橱窗宣传,发挥榜样的教育力量;今年我们又提出了"校内不跑,楼内不吵,认真听讲,路队走好"的 16 字校规。

我校还通过举办文明礼仪演讲比赛、硬笔书法比赛、经典诵读比赛等为学生搭建展示自我的平台。在活动中,学生学到了技能,增长了见识,增添了生活情趣。这些活动不仅让学生树立起自信,更重要的是让学生体验到了生命成长的乐趣。

第二,开全、开好课程——实现培养目标的载体。

在开全、开好国家课程和地方课程的基础上,今年我校开发实施了以明乐教育为核心的三大板块校本课程:学校创意课程,有"可爱的阳信""成长的足迹"课程;学科拓展课程,即"经典诵读"和"明乐健身"课程,其中,"明乐健身"课程的主要内容包括抖空竹、乒乓球、武术操、健美操、花样跳绳、跳皮筋、兔子舞、竹竿舞、做剪纸等;学生自选课程。这些校本课程的开设,就是为了满足不同孩子的学习需求,充分展现他们的才能,发挥他们的特长。

第三,课堂改革——实现培养目标的核心。

在课堂教学中,我们从三个维度设置教学目标,即知识技能维度,过程与方法维度,情感、态度和价值观维度,并努力达成三维目标。我校首先推行"六项工程"来提升教师实现教学目标的能力,即借脑兴校工程、骨干教师培养工程、青蓝结对工程、课堂模式打造工程、课题研究工程、校本研发工程。在课堂模式打造工程中,通过不断摸索、学习和探究,我们总结出"导学、共学、精点、趣习"的课堂教学模式。这种模式以课程标准为理论依据,由过去的知识立意转为能力立意,以培养学生的自学能力为目的。"导学""共学"体现了学生在教师指导下的小组合作互助学习活动中的主动求知、自主学习、共学共议,达到了合作学习的目的,实现了学习方式的改变。"精点"对老师提出了更高的要求。在汇报的过程中,教师要及时点拨、补充经典、总结方法。"趣习"即消化吸收、由外延到内涵的过程,教师要提供有趣的消化方式,帮学生巩固、消化知识。可以说,阳信县实验小学的课堂教学扎实规范,老师们用真诚的情感、和蔼的笑容、精湛的教艺、生动的语言、灵活的方法深深地感染着孩子们。这里的老师为智慧而教,这里的学生视野开阔、思维灵动、健康活泼、阳光快乐。

第四,校园文化——实现培养目标的助推器。

阳信县实验小学注重学校文化建设,全面营造优质的育人大氛围,形成了独具特色的校园文化。例如,在橱窗里张贴体现办学理念、校训校风、教风学风的标语等;在楼道里悬挂学生作品、张贴格言警句。通过校园文化的塑造丰富学生文化底蕴,陶冶学生情操,净化学生心灵,涵养学生人文品质。

几年来,我校师生团结一心,全面实施素质教育,得到了社会各界的充分肯定,学校先后被评为国家级语言文字规范化示范学校、山东省教学示范学校、山东省艺术教育示范学校、山东省体育传统项目学校、山东省德育工作先进单位、滨州市教学管理先进单位、滨州市教科研先进单位、市级规范化学校等。

这些成绩的取得,离不开学生的勤奋努力和老师的辛勤付出,也离不开家长的大力支持和帮助。我经常对老师们讲:一个学生没教好,对教师来说,可能只有五十分之一(或六十分之一)的遗憾;但对一个家庭来说,孩子是家庭百分之百的希望,老师要做"学生生命中的贵人"。

家长朋友们,父母是孩子的第一任老师,更是"永不退休的班主任",父母的一言一行无时无刻不在影响着孩子,家中的人际关系和文化氛围无时无刻不在改变着孩子。家庭氛围如何，家庭教养如何，家长的素质如何，都将决定孩子的人生！因此，家长要与学校在孩子的教育问题上达成共识，加强与班主任以及科任老师的联系与沟通，加强与孩子的沟通，关心孩子的学习成绩，但千万不能只关心孩子的学习成绩。

我们的目标一致，我们的责任重大。既然我们因"为了孩子的健康成才"这个共同的目标选择了阳信县实验小学，那就让我们家校携手，共同为学生营造一个温暖、健康、积极向上的学习氛围。我坚信，有了你们的配合，有学校这批爱岗敬业、乐于奉献、充满活力、有爱心、有事业心的教师，你们的孩子一定会健康愉快地成长。

最后，祝各位家长朋友身体健康、家庭和睦、万事如意！

（本文为 2012 年 11 月 23 日笔者在全校学生家长大会上的讲话文稿）

我们应该关注什么

各位家长：

早上好！

我是阳信县实验小学副校长李淑芳，首先我谨代表学校全体干部职工对各位家长长期以来给予学校工作的大力支持和协助表示衷心感谢！为能按时参会的家长点赞，特别是来参会的爸爸或妈妈更值得赞扬，这说明你们对孩子的教育特别重视。本次家长会的主题是"我们应该关注什么"。

一、关注家庭教育环境

1. 家庭教育基本情况调查

为什么要调查？目的是了解孩子家庭的环境是怎样的。调查的问题如下。

(1) 孩子的日常生活由谁来管理？

(2) 日常教育孩子采取什么方式？以下有关教养方式的十大误区，您有吗？

简单粗暴型：棍棒底下出才子，不打不成才。

精神虐待型：讽刺、挖苦、训斥、谩骂。

期末算总账型：平时不管不问，期末考试成绩低了又打又训，开学后家长又不管了。

抽风型：一阵紧一阵松，想起来就抓，想不起来就拉倒。

超负荷型：盲目攀比，不切合实际地报班，不让孩子闲着。

保姆型（溺爱型）：凡事包办，替孩子背书包、收拾书包。

干扰型：孩子在学习，家长在肆无忌惮地打牌、玩电脑、玩手机。

金钱刺激型。

放任型（不负责任型）：只管生，不管养。

分数第一型：重智力轻道德，重分数轻过程，重书本轻实践，重课内轻课外。

(3) 您平时关注孩子哪方面习惯的养成？

建议：尽量使您的教养方式民主、平等、开放、和谐、友好、温暖，充满爱，赏识加惩戒。

2. 家庭环境测试

计分办法：每题完全符合自己情况的计 2 分，部分符合的计 1 分，不符合的计 0 分。得 18 分以上说明家庭环境非常有利于孩子学习；得 10～18 分说明家庭环境比较有利于孩子学习；得 10 分以下说明家庭环境不利于孩子学习。请根据下面的内容测试一下您的家庭环境是否利于孩子的学习。

(1) 全家人在固定时间工作、学习、娱乐、睡眠。

(2) 孩子有一个安静的学习场所。

(3) 孩子有自己的书桌。

(4) 孩子有自己的小书架，有学习参考书和工具书。

(5) 孩子学习时家长不打牌（麻将），不玩游戏，不吵架。

(6) 孩子学习时家长有时间能陪孩子一起学习。

(7) 孩子学习时家长不随意叫孩子干零活、买东西。

(8) 全家人经常一起去博物馆、图书馆、科技馆。

(9) 业余时间全家人经常一起讨论学习的问题。

(10) 家长能常到学校了解孩子的学习情况。

(11) 家长常和孩子讨论未来、畅谈理想。

(12) 家长能经常表扬孩子，在亲戚朋友面前夸奖孩子努力学习。

(13) 家长能和孩子一起上网。

（说明：家长指的是爸爸妈妈，不是爷爷奶奶。）

3. 请家长思考以下问题

我希望我的孩子将来——

我与孩子的关系是——

我用什么方式要求孩子——

在人生路上，放弃什么，选择什么，是一门艺术，有时放弃就是获得。人们常说"舍得"，舍得舍得，有舍才有得。培养孩子也是同样的道理，什么都想学，往往什么都学不精；什么都想得到，往往什么都得不到。

4. 教育建议

(1) 正视现实，趋利避害。为了让孩子能享受到童年的快乐和幸福，家长应正视并接受现实，不能以牺牲孩子当下的快乐和幸福为代价。

(2) 想想自己到底想要什么，是分数，是上大学，还是孩子？当你们为了那个遥远的大学目标拼命挣钱时，你们有限的时间就被生意、工作占据了，孩子在成长的道路上缺少了你们的陪伴和扶持，他们的路就会走得困难而曲折。

（3）不要以"爸爸妈妈都是为你好"去逼迫孩子就范，逼迫孩子做他们不愿意做的事情。请尊重孩子，放下你们的理想、你们的未完成的心愿，帮助孩子达成他们自己的心愿。

二、关注学校教育

山东省推行素质教育的基本目标，可以概括为"三个全面"和"三个还给"，即：全面建设合格学校，全面贯彻国家课程方案，全面培育合格学生；把时间还给学生，把健康还给学生，把能力还给学生。

教育公平、教育均衡的基点是把每所学校都办成符合国家办学标准的学校，这是推进素质教育的基础。学校层面要全面贯彻国家课程方案。学校作为办学主体，必须按照国家课程方案，开齐课程，开足课时，因为学生的基本素质培养首先体现在国家课程里。教师层面要全面培育合格学生，决不能以牺牲部分后进学生为代价追求升学率，关注每个孩子，不放弃任何一个孩子，是每个教师的责任。

"教孩子六年，想孩子六十年。"小学阶段的教育主要是打基础，为人生打基础。基本知识、基本能力很重要，但做人的根本更重要。国家设置的小学课程是：品德（每周3课时）、语文（每周8课时）、数学（每周4课时）、科学（每周2课时）、音乐（每周2课时）、美术（每周2课时）、英语（每周2课时）、体育（每周3课时）、计算机（每周1课时）、综合实践（每周2课时）、校本课程（每周1课时）、地方课程（每周1课时），还要每天保证一小时的体育活动。

了解了教育政策，再对孩子进行教育、训导时，你们的心中就有了一杆秤，有了一盏灯；了解了教育政策，你们就会站在维护教育的角度，和学校一起对孩子进行有益、有效、恰当的教育；了解了教育政策，社会上下、学校内外便会形成统一的教育合力，可以对学生实施一致的教育。

三、关注孩子的习惯养成

家长需要关注孩子的养成教育关键期。科学研究表明，5～6岁是掌握词汇的关键期；9～10岁是孩子行为由注重结果过渡到注重动机的关键期；幼儿阶段是观察力发展的关键期；小学一、二年级是学习习惯培养的关键期；小学三、四年级是纪律分化意识发展的关键期；小学三、四年级及初二、高二是逻辑思维发展的关键期；小学阶段是记忆力发展的关键期，是记忆的黄金时代；初中阶段是意义记忆发展的关键期；而良好行为习惯培养的关键期主要是幼儿阶段和小学阶段。

乌申斯基说："良好习惯乃是人在神经系统中存放的道德资本，这个资本在不断增值，而人在其整个一生中就享受着它的利息。那么，在同样的程度上，坏习惯就是道德上的无法偿清的债务了。"

西方流传着这样一首民谣:丢失一个钉子,坏了一只蹄铁;坏了一只蹄铁,折了一匹战马;折了一匹战马,伤了一位骑士;伤了一位骑士,输了一场战斗;输了一场战斗,亡了一个国家。这首民谣蕴含着一个哲理:要想成功必须从小事做起,而良好习惯的养成也是这样。唯有从小事做起,才能养成良好的习惯,而良好的习惯会让我们受益一生,因为习惯决定命运。

好的学习习惯、生活习惯是决定学生学习效率、学习成绩的关键。小学阶段,重要的不是要学多少,成绩有多好,而是养成良好的学习习惯。因此,从小学一年级开始,家长和老师都要重点关注学生的学习习惯,一旦发现有不良的学习习惯,应立即纠正。

需要家长了解的教育内容还有很多,三言两语不能把复杂、多变的教育讲清、讲明。希望家长为了孩子多多关注教育,关注孩子的发展变化,多学习,多读书,与孩子共同成长。

愿我们一起努力,共同托起明天的太阳!

谢谢大家!

(本文为 2014 年 5 月 23 日笔者在全校学生家长大会上的讲话文稿)

迈入家长"启蒙"时代

尊敬的各位学生家长:

上午好!

我是阳信县实验小学副校长李淑芳,我代表阳信县实验小学领导全体教职工,对各位能如期参会表示欢迎和衷心的感谢!欢迎,是因为您已经认识到这样的会议可能对您的家庭教育带来正面影响。感谢,是因为学校教育没有家长的支持会事倍功半。借此机会,和各位家长共同学习和交流一些关于家庭教育的问题,因为我觉得这是从"根"上所做的既益于家庭教育又益于学校教育的工作。本次会议的主要内容是家庭教育的重要性。

《教育部关于加强家庭教育工作的指导意见》(简称《指导意见》)进一步明确了家长在家庭教育中的主体责任,指出应强化学校对家庭教育的指导作用。这里必须搞清楚:我们为什么要在教育学生的同时,"启蒙"家长? 它和我们的学校教育到底有什么关系? 孩子每天带着家庭的烙印走进学校,又带着学校的烙印回到家庭。著名教育家杜威曾说,家庭教育与学校教育的分离是教育中最大的浪费,家庭教育是"根",不在"根"上破题,学校教育再用力,也可能是舍本逐末的徒劳。

今天,我们就从家庭教育的重要性谈起。

家庭教育是家长对孩子进行的教育,是家长的法定责任。《中华人民共和国未成年人保护法》明确规定,家长应当学习家庭教育知识,有关国家机关和社会组织应当为家长提供家庭教育指导。《中华人民共和国教育法》规定,学校、教师可以对学生家长提供家庭教育指导。

一、贯彻党和国家对家庭教育的要求

家庭教育既是家事,又是国事。它关系家庭幸福,更关系国家命运。德国教育家福禄贝尔指出:"国家的命运与其说是操在掌权者手中,倒不如说掌握在母亲手中。"所谓"掌握在母亲手中"即家庭教育。

二、促进学生健康成长和全面发展

家庭教育的首要任务是教子做人。

"家庭是人生的第一所学校","家长是孩子的第一任老师"。"第一所学校""第一任老师"的第一任务是什么？是教孩子学习学科知识吗？不是。家庭教育的第一任务即首要任务应当是教子做人，即人格教育。当前，家庭教育存在的一个主要问题是家庭教育学校化——智育中心主义。家长对第一任务的认识，实质上反映出家长的人才观。通过问卷调查我们发现，在家庭教育中，大多数家长根本不知道家庭教育的首要任务是什么，他们把绝大多数时间和精力用在孩子学习文化和智力开发上，而忽略了对孩子最本质的东西的培养，即对孩子人格的塑造、对性格的养成、对能力的培养、对思维方法的训练等。"只有一门学科是必须教给孩子的，这门学科就是做人的天职。"指导家庭教育，最先应探讨的是家庭教育的首要任务是什么，让家长明确地知道在家庭教育中应该教给孩子什么，纠正家长在家庭教育方面错误的指导思想。

家庭在人格教育中具有特殊的重要作用。科学研究指出，儿童个性的形成始于家庭，其全面发展始于家庭，家庭教育对孩子个性的影响是根本性的。家庭是生活和教育合二为一的单位，在家庭中会出现很多学校中不会出现的生活细节。而生活中的细节（所谓小事、体验和感悟）恰恰是塑造孩子个性、人格、文化品位和价值观念的关键因素。家庭教育是在没有公共监督的情况下实施的，由此养成的良好个性和行为习惯，在任何环境、条件下都具有极强的稳定性。要指导家长意识到家庭教育在人格教育中的重要性。

家庭教育是人生教育的起点。墨子云："染于苍则苍，染于黄则黄。故染不可不慎也。"家庭是人最早接受教育的场所，家长则是孩子的启蒙之师，可以说，家庭教育对人的"熏陶晕染"从其出生时便已开始。

而从一个人的生命活动来看，家庭生活是其最重要的组成部分。人有大量的时间生活在家庭之中，家庭教育的观点、方式和方法，家庭成员的作风、习惯、品德修养、个性特征、价值追求都深深地影响着每个人的发展。

"明德修身"应是家庭教育的终极目标。我国重视家庭教育的传统由来已久，《尚书》中就载有古代帝王教育其子的文章。几千年来，家庭教育成为我国传统文化的一部分，修身、齐家、治国、平天下成为家庭教育的核心要义。其逻辑起点是"国之本在家，家之本在身"，所以传统的家庭教育立足于每个人的修身，只要能养成好的品德，在家就能尽孝，在国就会尽忠。欲治国先齐家，欲齐家先修身。

三、家庭教育亟待指导

当前,尽管我们已经清醒地认识到家庭教育的重要意义,但是还没有完全接受并且转化为行为。导致这种局面最重要的因素是缺乏有效的指导。

2013年,《关于指导推进家庭教育的五年规划(2011—2015年)》发布,推出多项推进家庭教育举措,如将家庭教育指导服务纳入城乡公共服务体系之中;在80％的城市社区和60％的行政村建立家长学校或家庭教育指导服务点;办好全国及省区市网上家长学校等。规划实施以来,家庭教育事业取得部分成果,然而,总体来看,我国的家庭教育事业还处于起步阶段。2015年,教育部出台了《关于加强家庭教育工作的指导意见》,进一步明确了家长在家庭教育中的主体责任,提出应充分发挥学校在家庭教育中的重要作用,加快形成家庭教育社会支持网络。其中围绕丰富家庭教育指导内容、充分发挥家长委员会作用、统筹利用社会资源、支持办好家长学校等家庭教育工作的关键环节做了具体的布置与安排,为全国各地开展与推动家庭教育工作提供了切实、可操作的指导。相信在国家强有力的推动下,我国家庭教育事业将会全面展开。

以上说明了两个重要问题:一是家庭教育的重要性,二是学校开展家庭教育工作的重要性。这是对家庭和学校双方面的要求,是我们今后所要努力的方向,家庭、学校都要努力给孩子创造更好的教育。

(本文为2015年11月15日笔者在全校学生家长大会上的讲话文稿)

让孩子爱上阅读

尊敬的各位学生家长：

上午好！

我是阳信县实验小学副校长李淑芳，我代表阳信县实验小学全体教职工，对各位能如期参会表示欢迎和衷心的感谢！借此机会与各位家长共同学习和交流一些关于家庭教育方面的问题，这次的主题是"让孩子爱上阅读"。阅读是孩子学习和发展的基础。近年来，我国政府高度重视阅读推广，已连续三次将"全民阅读"写入政府工作报告。中小学阶段是阅读习惯和阅读能力培养的重要阶段，教育管理部门十分重视，我们学校也同样重视，想通过本次交流引起各位家长的高度重视。

在第 20 个"世界读书日"来临之际，全国中小学数字化校园学术交流会组委会等发起一项调查，通过学生、家长、教师三个视角来了解中小学生课外阅读及校园阅读推广工作的开展情况，旨在发现当前中小学生阅读的一些关键事实，为校园阅读推广提供相应的参考。调查结果显示，"从家庭阅读氛围来看，家长对学生的阅读参与程度较低"。对家长是否与学生一起阅读的调查表明，有14.6%的学生选择"家长会经常与自己共读一本书"，有 39.6%学生选择"家长基本不与自己共读一本书"。亲子之间是否会交流阅读体会，只有 17.1%的学生选择"家长经常"与自己交流课外阅读体会，而 34.7%的学生选择家长"基本不会"与自己交流课外阅读体会。在督促孩子阅读方面，只有 28.0%的家长表示会经常督促孩子阅读，还有 21.4%的家长表示对孩子的课外阅读情况"从不过问"。总的来看，家长对学生的阅读参与程度较低。在家长阅读方面，25.9%的学生选择家长在家"基本不阅读"，只有 24%的学生选择家长"经常阅读"。此外，家长阅读量明显低于学生，一年内阅读量少于 5 本的家长所占比例高达 83.8%。

"读万卷书，行万里路。""书籍是人类进步的阶梯。"有人曾经对一些成功人士进行采访，发现这些人在总结成功经验的时候，大都会提到读书让他们受益匪浅。

一、读书对人的成长的影响

1. 书籍是全世界的营养品

生活里没有书籍,就好像没有阳光;智慧中没有书籍,就好像鸟儿没有翅膀。知识是人类进步的阶梯,阅读则是了解人生和获取知识的重要手段与途径。孩子在学校学到的主要是课本知识,如果孩子只是掌握课本上的知识,那么其知识结构难免单一。阅读有益的课外书不但有助于开阔视野、培养广泛的兴趣爱好、学会为人处世等,而且可以增长见识,做到不出家门而知天下事,不出国门而了解世界各地的历史文化、风土人情。

2. 读书有助于孩子形成良好的品格和健全的人格

那些主人公具有美好品格的书籍,那些富有人文精神的书籍,很容易打动阅读者。比如读鲁迅的书,会被鲁迅"我以我血荐轩辕"的赤子之心打动;读李白的诗,会被李白"安能摧眉折腰事权贵"的傲骨打动;读《钢铁是怎样炼成的》,会被主人公保尔不向命运屈服的钢铁般的意志所折服……这些榜样的力量可以帮助孩子形成良好的品格和健全的人格。

3. 读书可以充实生活

读书能够祛除内心的浮躁,让自己沉浸在宁静的文字世界里,给心灵以慰藉和滋润;还能祛除内心的空虚,让自己在知识的海洋中渐渐丰盈、充实起来。所以,读书人不会迷失,因为有书为伴;不会孤独,因为有书为伴。

4. 读书有助于积累词汇,提高写作能力

博览群书,是一个积累的过程,天长日久,自然会产生写的欲望。而且因为读的书多,写起来也会有信手拈来的感觉。你如果多读几个孩子的作文,就会发现那些勤读书的孩子,写出来的作文大多引经据典,内容充实,而且有深度。"读书破万卷,下笔如有神"说的就是这个道理。

5. 读书可以提高孩子的学习兴趣和积极性

孩子在学校主要依赖老师、教材,这在一定程度上限制了他们学习的主动性和创造性。看喜欢的课外读物能提高孩子的学习积极性,使他们主动学习知识,并积极开动脑筋思考问题、分析问题、解决问题,从而有效地培养和确立主体意识。

从小培养孩子爱读书、读好书的习惯,将使孩子受益终身。

二、如何让孩子喜欢读书,让阅读成为一种生活方式?

这个问题总是令很多家长头疼,因为我们常常看到很多孩子不愿读书、讨厌读书。在这些孩子看来,读书是一件很枯燥的事情。

所以,培养孩子对读书的兴趣是一项长期工程,不是一朝一夕能够做到的,需要耐心和信心。建议从以下几个方面着手。

1. 读书要趁早

培养孩子的读书兴趣,越早开始效果越好。据说,犹太人爱书如命,当孩子稍微懂事时,母亲就会在书上滴几滴蜂蜜,然后让孩子去吻书上的蜂蜜。这种做法的意思不言而喻:书是甜的,让孩子从小就懂得读书是一件甜蜜而快乐的事情,以此唤起孩子对书、对文字的兴趣。

2. 保证读书时间

读书贵在坚持,让阅读成为一种生活方式需要一个长期的过程。如果孩子每天都读一会儿书,哪怕只有 10 分钟,日积月累也是一个惊人的数字。

3. 营造读书氛围

读书需要有良好的氛围,如此才能保证孩子心情愉悦、注意力集中地读书。所谓书香门第多才子,一个最重要的原因就是他们的家庭读书氛围好。

4. 感受读书的乐趣

孩子之所以喜欢玩游戏,是因为游戏让孩子感到快乐。要想让孩子喜欢读书,也需要让孩子感受到读书的快乐。当孩子认真看书的时候,我们不要去打搅他,更不要根据自己的兴趣对孩子提一些要求。因为当孩子沉浸在读书的乐趣中时,你要做的就是分享这种乐趣,而不是破坏孩子的心境。另外,当孩子向我们讲述自己阅读的快乐和收获的时候,我们一定要表现得和他一样开心。分享孩子的读书成果,会让孩子更有成就感,并对读书产生更浓厚的兴趣。

所以,培养孩子的读书兴趣,和孩子一起读书,是家庭教育中一项重要的活动。它既引领孩子学习了知识、培养了阅读兴趣,又让父母走进了孩子的心灵世界,增进了和孩子的交流。

三、孩子应该读哪些课外书?

2011 年 4 月 21 日,由公益研究机构新阅读研究所组织专家制定的"中国小学生基础阅读书目"在京正式发布。"中国小学生基础阅读书目"采用不同以往的书目推荐方式,以小学生的年龄段为经、以新的阅读核心价值和理念为纬,组织儿童教育学、儿童心理学、儿童文学等多个领域的专家以及小学教师共同制定,参考了国内外近 50 个儿童文学奖项和 100 多种推荐书单,从数万种小学生能够阅读的各类图书中精选出那些能够为中国小学生精神打底的基础图书。2014 年该书目又进行了修订。

"中国小学生基础阅读书目"共包含近百本推荐阅读书目,按小学低、中、高学段,分别精选出文学类、科学类、人文类若干本,见表 1、表 2。

表1 "中国小学生基础阅读书目"必读书目

学段	类别	书名	作者(译者)
小学低段 (1～2年级,10本)	文学	《蝴蝶·豌豆花》	金波/编,蔡皋等/画
		《稻草人》	叶圣陶/著
		《没头脑和不高兴》	任溶溶/著
		《小猪唏哩呼噜》	孙幼军/著,裘兆明/图
		《我有友情要出租》	方素珍/著,郝洛玟/绘
		"不一样的卡梅拉"之《我想去看海》	(法)约里波瓦/著,(法)艾利施/绘,郑迪蔚/译
	科学	"第一次发现"之《濒临危机的动物》	法国伽利玛少儿出版社/编,雨果/绘,王文静/译
		"神奇校车"之《在人体中游览》	(美)乔安娜·柯尔/著,(美)布鲁斯·迪根/绘
	人文	《千字文·三字经·弟子规》	周兴嗣、王应麟、李毓秀/著,罗容海、郝光明、王军丽/译注
		《中国神话故事》	聂作平/编著
小学中段 (3～4年级,10本)	文学	《千家诗》	谢枋得、王相/编造,李乃龙/译注
		《三毛流浪记》	张乐平/绘
		《宝葫芦的秘密》	张天翼/著,丁午/图
		《安徒生童话》	(丹麦)安徒生/著,叶君健/译
		《长袜子皮皮》	(瑞典)林格伦/著,李之义/译
		《亲爱的汉修先生》	(美)贝芙莉·克莱瑞/著,柯倩华/译
	科学	《奇妙的数王国》	李毓佩/著
		《让孩子着迷的77×2个经典科学游戏》	(日)后藤道夫/著,施雯黛、王蕴洁/译
	人文	《林汉达历史故事集》	林汉达/著
		《书的故事》	(苏)伊林/著,胡愈之/译
小学高段 (5～6年级,10本)	文学	《西游记》	吴承恩/著
		《城南旧事》	林海音/著,关维兴/图
		《草房子》	曹文轩/著
		《我的妈妈是精灵》	陈丹燕/著
		《夏洛的网》	(美)E. B. 怀特/著,任溶溶/译
	科学	《科学家故事100个》	叶永烈/著
		《昆虫记》	(法)法布尔/著,陈筱卿/译
		《地心游记》	(法)凡尔纳/著,杨宪益、闻时清/译
	人文	《孔子的故事》	李长之/著
		《少年音乐和美术故事》	丰子恺/著

表2 "中国小学生基础阅读书目"推荐书目

学段	类别	书名	作者/译者/编者/绘者
小学低段(1~2年级,15本)	文学	《百岁童谣》	山曼/编著
		《寻找快活林》	杨红樱/著
		《十兄弟》	沙永玲/编著,郑明进/绘
		《月光下的肚肚狼》	冰波/著
		《格林童话选》	(德)格林兄弟/著,魏以新/译
		《让路给小鸭子》	(美)麦克洛斯基/著,柯倩华/译
		《青蛙和蟾蜍》	(美)阿洛·洛贝尔/著,潘人木、党英台/译
		《木偶奇遇记》	(意大利)卡洛·科洛迪/著,徐调孚/译
		《了不起的狐狸爸爸》	(美)罗尔德·达尔/著,代维/译
		《我和小姐姐克拉拉》	(德)迪米特尔·茵可夫/著,陈俊/译
	科学	《一粒种子的旅行》	(德)安妮·默勒/著,王乾坤/译
		《鼹鼠博士的地震探险》	(日)松冈达英/著,蒲蒲兰/译
		《动物王国大探秘》	(英)茉莉亚·布鲁斯/文,兰·杰克逊/图,杨阳、王艳娟/译
	人文	《笠翁对韵》	李渔/著
		《人》	(美)彼得·史比尔/著,李威/译
小学中段(3~4年级,25本)	文学	《武松打虎》	刘继卣/绘
		《孙悟空在我们村里》	郭风/著
		《让太阳长上翅膀》	金波/著
		《小英雄雨来》	管桦/著
		《戴小桥全传》	梅子涵/著
		《舒克贝塔航空公司》	郑渊洁/著
		《我是白痴》	王淑芬/著
		《雪花人》	(美)马丁/文,阿扎里安/图,柯倩华/译
		《父与子》	(德)卜劳恩/绘,洪佩琪/编
		《丁丁历险记》	(比利时)埃尔热/编绘,王炳东/译
		《爱丽丝漫游奇境记》	(英)刘易斯·卡诺尔/著,王永年/译
		《柳林风声》	(英)肯尼思·格雷厄姆/著,任溶溶/译
		《彼得·潘》	(法)巴里/著,杨静远/译
		《时代广场的蟋蟀》	(美)赛尔登/著,傅湘雯/译
		《窗边的小豆豆》	(日)黑柳彻子/著,岩崎千弘/绘,赵玉皎/译

学段	类别	书名	作者/译者/编者/绘者
小学中段 (3~4年 级,25本)	科学	《生命的故事》	(英)维吉尼亚·李·伯顿著/绘,刘宇清/译
		《最美的科普·四季时钟系列》	(德)雅各布/著,顾白/译
		"可怕的科学"之《科学新知》	(英)考克斯等著,(英)高达德 等绘,阎庚等/译
		《101个神奇的实验》	(德)安提亚·赛安,艾克·冯格/文,夏洛特·瓦格勒/图,谢霜/译
		《我的第一本科学漫画书》	(韩)洪在彻等/著,林虹均/译
	人文	《成语故事》	李新武/编
		《最美中国童话——传统节日篇》	汉声杂志/编
		《讲给孩子的中国地理》	刘兴诗/著
		《希腊神话故事》	聂作平/编著
		《儿童哲学智慧书(第一辑)》	(法)奥斯卡·柏尼菲等/著,乐迈特等/绘,李玮/译
小学高段 (5~6年 级,29本)	文学	《绘本聊斋》	蒲松龄/著,马兰、王育生等/改编,吴明山、叶毓中等/绘
		《寄小读者》	冰心/著
		《有老鼠牌铅笔吗?》	张之路/著
		《四弟的绿庄园》	秦文君/著
		《我要做好孩子》	黄蓓佳/著
		《狼獾河》	格日勒其木格·黑鹤/著
		《铁丝网上的小花》	(意)克·格莱兹/著,罗伯特·英诺森提/绘,代维/译
		《鲁宾逊漂流记》	(英)笛福/著,徐霞村/译
		《汤姆·索亚历险记》	(美)马克·吐温/著,刁克利/译
		《福尔摩斯探案选》	(英)柯南道尔/著
		《小王子》	(法)圣·艾克絮佩尔/著,周克希/译
		《永远讲不完的故事》	(德)米切尔·恩德/著,李士勋/译
		《哈利·波特与魔法石》	(英)罗琳/著,苏农/译
		《不老泉》	(美)娜塔莉·巴比特/著,吕明//译
		《牧羊少年奇幻之旅》	(巴西)保罗·柯艾略/著,丁文林/译

学段	类别	书名	作者/译者/编者/绘者
小学高段（5～6年级，30本）	科学	《超新星纪元》	刘慈欣/著
		《潘家铮院士科幻作品集》	潘家铮/著
		《安德的游戏》	（美）奥森·斯科特·卡德/著，李毅/译
		《森林报》	（苏联）维·比安基/著，王汶/译
		《万物简史（少儿版）》	（美）布莱森/著，严维明/译
		《科学家工作大揭秘》	（英）理查德·斯皮尔伯利、路易斯·斯皮尔伯利/著，王庆/译
	人文	《中国读本》	苏叔阳/著
		《老子说 庄子说》	蔡志忠/编绘
		《世纪三国》	（澳大利亚）罗伯英潘/绘，钟孟舜/漫画，罗吉甫/撰文
		《中国孩子的梦》	谷应/著
		《莎士比亚戏剧故事集》	（英）查尔斯·兰姆、玛丽·兰姆/改写，萧乾/译
		《希利尔讲艺术史》	（美）希利尔/著，李爽、朱玲/译
		《诺贝尔奖获得者与儿童的对话》	（德）贝蒂娜·施蒂克尔/编，张荣昌/译
		《居里夫人的故事》	（英）杜尔利/著，二粟/译

以上参考书目可以有效降低我们为孩子寻找书源的盲目性。除此之外，大家还可以借鉴其他有关课外读物的推荐意见。

让孩子爱上读书，首先要让孩子有好书看。希望家长能多帮孩子买书、借书，鼓励他们多读书、读好书。

（本文为 2016 年 5 月 13 日笔者在全校学生家长大会上的讲话文稿）

家校沟通,合作共育

尊敬的家长朋友们:

晚上好!

我是阳信县实验小学副校长李淑芳。首先我谨代表学校全体干部职工对各位家长长期以来给予学校工作的大力支持和协助表示衷心感谢! 根据学校的工作要求,本次会议的主题是"家校沟通 合作共育"。

"没有沟通,就没有教育。"家庭和学校(家长和老师)缺乏沟通,教育就不完整,形不成教育合力,就很难达到教育目的。家长、孩子缺乏沟通,教育就很盲目,走不进孩子的内心,建立不起信任,往往事与愿违。

今天咱们聚在一起,就是为加强了解、加强沟通。

一、本校概况

阳信县实验小学校建于 1975 年,初名为"阳信县五七小学",1983 年正式定名为"阳信县实验小学"。现有 38 个教学班,2737 名学生,教职工 123 人。学校的办学条件、教学设施均达到省级标准化学校水平,为孩子接受良好的教育提供了优越的教育环境。学校先后被评为国家级语言文字示范校、全国新教育实验优秀学校、全国学校体育工作示范学校、全国零犯罪学校、山东省规范化学校、山东省教学示范学校、山东省体育传统项目学校、山东省艺术教育示范学校、山东省德育工作先进单位、滨州市教学管理先进单位、滨州市多元课程建设特色学校、滨州市课程实施优秀学校等,今年又通过了山东省首批信息化示范校的验收。

2011 年,在学校工作 25 年,获得过市教学能手、学科带头人等荣誉称号的李新云接过了校长的接力棒,成为学校的第五位掌门人。亲历学校每一步发展的她,深感肩上的责任重大。要让 3000 名师生过一种怎样的教育生活呢? 于是,每天上学、放学的路上多了一个迎送的身影,每天晨诵、课间多了一双发现的眼睛。看到那一张张稚嫩的小脸,李校长常常由衷地感叹:"多么可爱的孩子!

我一定要把最好的爱给予他们。"教孩子一天,想孩子一年;教孩子六年,想孩子一辈子。六年,我们既要关注孩子当下的幸福快乐,也要为其一生的发展打下坚实的基础,使其自由、自律、自新,这便是给予孩子的最好的爱。2012年,学校形成了以爱育爱的"融爱"教育理念——以爱为源,以人为本;以爱为源,肩负责任;以爱为源,扬起学生自信的风帆。因为爱,一切便拥有了行动的力量!

行动之一:好教师才能给孩子好教育。家长都愿意把孩子交给一个负责任的教师,提升教师的职业道德素养及专业素质,成就好教师是学校每年度的工作重点。"一二三"常规校本培训活动——周一的教师读书活动,周二的班主任培训,周三的教研活动,分别由科研处、政教处、教务处负责组织实施,以提升教师各方面的素质。这是学校教师培训的规定动作,每星期雷打不动。除此以外,还通过外出学习(每年有60%的教师被派出学习),承办会议(新教育开放日、教学研讨会等),参加各项比赛,举办教学比武等活动来提高教师的业务素质。一系列活动的开展,确实锻炼和培养了一批骨干教师,如今,学校有市县级学科带头人、教学能手31人,6人获省优质课奖,42人次获市县优质课奖。他们作为学校的骨干力量,正发挥着模范引领作用,带领其他教师坚定地行走在课程改革的路上。还有一批"不待扬鞭自奋蹄"的老教师、积极进取的年轻教师也在各自的岗位上履行着教书育人的神圣职责。

行动之二:多样的课程才能给孩子丰富的营养。李校长经常跟我们交流:课程的丰富性将决定生命的丰富性,课程的卓越性将决定生命的卓越性。我们爱孩子,就应该给孩子创造自由的空间,让他们的生命在此丰盈,并走向卓越。因此,我们在教好国家课程的基础上,开设了在国家课程统领下的校本特色课程,即"融爱"校本课程。它由五个板块组成:第一板块为学科拓展课程(基本为语文、数学、英语等学科老师开发的课程,如经典诵读、童话阅读、成语接龙、趣味数学、数学故事、数学日记);第二板块为教师特长课程(基本为音乐、体育、美术等具有专业特长的老师研发的课程,如舞蹈、合唱、器乐、轮滑、足球、武术、排球、啦啦操、国画、版画、泥塑、剪纸、儿童画);第三板块是教师创意课程(老师根据自己和学生的兴趣爱好研发的课程,如无人机、航模、电脑编程、智慧拼插、智力七巧板、围棋跳棋);第四板块为新教育课程(包括晨诵课程、整本书共读、班级课程等);第五板块为德育课程(包括安全教育、主题班会、入校离校课程、节日课程等)。目前,我校共开设校本课程80门,由86名教师组织教学,全体学生参加学习。每个星期四的下午,这些课程同时开设,学生根据自己的兴趣爱好有选择地学习。

学校积极鼓励、大力支持学生参加各种比赛,以丰富生命体验、获得书本上学不到的知识。本学期,学校足球队、排球队、田径队、乒乓球队的百余名学生代表全县到市里参加比赛,并取得了优异的成绩。我们珍惜类似的让孩子走出课堂、走上更广阔舞台的机会,尽可能让更多的孩子体验生命成长的快乐。今年的"六一",我们将举办不同寻常的活动,除校级队的展示外,我们还通过搭建"音乐馆""美术馆""运动馆""创意馆""班级课程馆"五大展示体验区,给每个孩子表现的机会,让孩子的兴趣爱好、特长充分展现出来,让他们过一个快乐且值得回忆的"六一"。

行动之三:立德树人是学校的根本任务。现在的社会,各种思想潮流的侵袭以及电视、网络、手机等多种媒体的影响,在一定程度上影响了青少年的身心发育。一些家长为了所谓的"不让孩子输在起跑线上",一味追求成绩,极容易忽视孩子道德行为、意志品质的养成。一些孩子不懂得感恩,不会与同学相处,心浮气躁,自私任性,自控力差,规则意识淡薄,缺少责任感。因此,实施品德教育,教学生先做人再做事,已十分迫切和必要。于是,学校的德育就被提升到课程的高度来实施。

1. 实施"一日常规"课程,让学生懂规矩、守秩序

为加大对学生的规范教育,学校制定了"早读午练、路队两操"标准,组成了由校领导带班,学校中层、级部主任、教研组长为成员的五支执勤组。每天放学,执勤组在十字路口护送孩子;每天上学提前半小时到校,维持学生入校秩序,每个教学楼入口处,都有一位老师执勤。我们还开展了"校内规范四字歌谣"征集活动,"入校站队,挺胸摆臂,上下楼梯,不拥不挤;校内不跑,楼内不吵,见到老师,敬礼问好;两人成排,三人成列,入室即静,入座即学"。因为规范出自学生之口,是他们最认可的东西,所以执行起来效果非常好。同时,组建少先执勤大队,让学生全程参与常规管理工作。

2. 升旗仪式成为每周必修课程

升旗仪式实行班级轮流负责制,升旗手、护旗手、国旗下演讲都由承担班级评选产生。升旗仪式的主题主要有学生安全、行为习惯、文明礼仪、道德养成等,学生演讲、学校领导讲话、班级常规总结反馈成为升旗仪式的固定程序。每周少先大队还要组织相关主题的征文活动,通过小喇叭广播站播放优秀稿件,进一步扩大了教育的影响面。

3. 入校、离校课程是德育课程的情感舞台

入学课程即开学典礼发挥德育作用。离校课程即毕业典礼则创设一种爱校、感恩、友谊的氛围。

二、对家庭教育的认识

家庭对孩子的影响实在太大了。孩子是家长的影子，是家庭的一面镜子。一个孩子的行为表现，往往能从家长身上找到根源。孩子出问题，不是孩子的问题，而常常是家长的问题，是家教、家风的问题。

近年来，习近平总书记关于家庭教育做出了一系列重要指示，强调家庭教育在少年儿童成长过程中的重要作用。然而现实中的家庭教育存在很多问题。有的家长把教育孩子的责任全推到学校、老师身上，以为把孩子交给学校就万事大吉了，"我把孩子交给您了，您就是他的父母，愿打愿骂随便"。有的家长把孩子交给辅导班，对孩子的家庭作业不管不问，花钱图个省心。还有的家长把孩子交给爷爷、奶奶照顾，认为挣钱是最重要的事，而没有深入考虑更多的钞票背后失去了什么。有的家长只重视孩子的考试成绩，不重视孩子的思想道德、行为习惯的养成。有的家长平时对孩子的学习不管不问，期末算总账，又打又训，写检查，列计划，开学后家长又不管了，导致恶性循环。有的家长管孩子一阵紧一阵松，想起来就抓，想不起来就拉倒。有的家长盲目攀比，不切合实际，给孩子报好几个辅导班，不让孩子闲着。有的家长过分溺爱，不让孩子受一点小委屈。诸如此类不正确的家庭教育给学校教育带来很大的困难，孩子每天带着家庭的烙印走进学校，又带着学校的烙印回到家庭。总有无形的手在影响着我们的孩子，让他们对我们绞尽脑汁设计的课程、苦口婆心展开的劝诫、精心组织策划的活动，特别是其中包含的道德、价值观产生怀疑。那应该怎么办呢？

三、家校沟通，合作共育

教育是一个既艰苦又漫长的过程。对孩子来说，家庭教育、学校教育、社会教育三方面缺一不可。特别是在全面实施素质教育的今天，家庭教育、学校教育、社会教育是现代人成才的三大途径。家庭教育和学校教育的目的是一样的，都希望把孩子培养成才。家庭教育是基础的基础，家长是孩子的第一任老师，而学校对学生的健康成长也起着至关重要的作用，两者缺一不可。学校让孩子接受系统的知识学习，在这一点上，家长无法取代学校教育。另一方面，学校只能承担起教育孩子的一部分，老师无法取代家长，尤其是品德教育、习惯养成、性格培养等重要教育任务，更需要家长与教师的合作才能完成。所以家庭和学校只有共同努力，密切配合，才能达到理想的效果。

沟通是合作的基础。跟家长沟通、定期举行家长培训是学校教育工作的重要方面。关于如何与家长沟通的问题，我还专门培训过班主任，要求班主任体谅家长、为家长献计献策；要有积极主动的心态，同家长交流意见，帮其解决问题；

要宽容和有耐心,帮助家长用理性战胜情感冲动;要细致周到,慎言慎行,认真对待家长提出的问题。去年,我调解过几起因为沟通不畅而导致家长与班主任产生矛盾的纠纷。有的班主任向我诉苦,反映家长不理解老师;有的家长找到学校,反映老师教育方法不对头,对家长不尊重。针对这些情况,我既要宽慰班主任,尽量不打击班主任的积极性,又要体谅、理解家长,给家长满意的答复。回头想想,如果家长和班主任都站在对方的立场上换位思考,家长想想班主任为什么会这样,班主任想想家长为什么会这样,那我可能就不会有当调解员的机会了。

同时也希望家长注意以下方面。

1. 我们双方必须在孩子的教育问题上达成共识,行动一致

对孩子教育有利的事家长要多做,对孩子教育有利的话要多说,家长和老师的沟通也需要谨慎。前几天网上一篇文章《班主任提醒——别做家长微信群里那个招人烦的家长》引起了我的注意。

文章里说:很多家长的行为让"微信群变了味",炫富的、晒娃的、拉票的、代购的……给老师和家长增添了许多烦恼。更重要的是,如此刷屏,很多没有及时看手机的家长,很可能错过老师公布的重要信息。作者在文章中根据家长的表现对其进行了分类并对教师提出了建议:

(1) 在班级群中,不点名批评孩子,不公布成绩、排名等信息,因为这会伤害孩子的自尊心,同时也会让家长感到不舒服。

(2) 在班级群中,不要每次只发布优等生或表现优异的学生的照片,尽量让所有学生的照片都出现在班级群中。

(3) 不管是成绩好的孩子还是成绩差的,都要多表扬、少批评,尽可能多地去发现孩子的优点。

(4) 在班级群中,绝不转发未经考证的信息。

(5) 如果个别学生有问题可单独与家长沟通,共性问题可以在班级群中与家长交流。

(6) 试着在每一条通知后加上"不用回复"或类似的话语,避免刷屏。

(7) 做班级群中的引导者,对于一些不适合发在班级群里的内容,要学会婉言提醒。

家长们都希望老师能严格要求自己的孩子,但有时老师对学生一点小小的惩戒,有的家长却不能理解,造成老师与家长之间的矛盾。请家长们相信,老师的做法是善意的,都是为了学生的发展,为学生好。奖励、表扬是一种教育手段,适当的惩罚、批评也是一种教育手段。只有奖励或表扬而没有批评或惩罚的教育是不符合实际的,完整的教育既有奖励也有惩罚。适当的惩罚可以提高学生

的是非辨别力,有助于培养学生的心理承受能力和责任心,有助于塑造学生坚强的性格和优秀的品质。当然,学校也会严格要求教师,不能体罚和变相体罚学生,惩戒学生要以保护学生的自尊心为前提。

2. 请对老师多一点信任与理解

尽管老师辛辛苦苦备课,兢兢业业上课,但是难免会出现失误。请家长多一点宽容,更不要在孩子面前批评老师。俗话说:亲其师,信其道。如果学生不信任老师,老师的教学效果必将大打折扣。请各位家长对学校、老师的工作,多一分理解,多一分信任。

3. 请家长支持和配合学校的一些工作

比如,学生放学时应以班级为单位走到十字路口再分三路各自回家,家长不能到队伍里接孩子。可实际情况是,有的家长直接到学生队伍里接孩子,还有的家长与学生队伍逆向前进。

4. 在家培养孩子良好的学习习惯

教育就是习惯培养。好习惯出能力,好习惯出效率。良好的习惯是成功的捷径。孩子越小,习惯越容易养成。在家里有哪些习惯需要培养呢?例如,认真完成家庭作业;工工整整写好字;整理学习用品;孝敬长辈,文明言行。有的家长会向老师诉苦说:"我每天都问他作业完成没有,他总回答完成了,可实际上根本没完成。"针对不同的孩子督促的方法应该不同,对自觉的孩子家长过问一下就可以,而对不够自觉的孩子,家长要对照家庭作业单逐项检查,帮助孩子养成及时完成作业的好习惯。

这需要家长有足够的耐心和定力,多陪伴和关心孩子。坏习惯不用培养,但是改变坏习惯可真是不容易。

5. 关于手机的问题,需要引起家长的重视

前两天,网上有一篇文章引起热议。这篇文章是一个四年级的小学生写的作文,题目是"爸爸我想对您说"。原来他爸爸在家里时手机不离手,孩子做作业时爸爸玩手机,孩子想让爸爸陪他玩时爸爸还是玩手机。孩子觉得爸爸的眼里已经没有了自己,只有手机,所以在作文中写道:"你不是我的爸爸,你是手机的爸爸。"孩子很孤独、很无奈,感受不到温暖,感受不到家长的爱。家长的这种行为,已经给孩子的心灵造成了伤害。

有类似情况的家长必须重视这个问题,要先管住自己不玩手机,再要求孩子不玩,通过亲子活动逐渐摆脱对手机的依赖。

各位家长,关于教育的话题非常多,恕我不能一一谈及。但请各位放心,我们学校会尽最大努力把教育教学工作做好、做细。同时,也希望各位家长与孩子的科任老师、班主任老师多联系、多沟通、多交流。

最后,请让我再次代表全校师生员工向各位家长对学校工作的支持表示衷心的感谢!

(本文为 2017 年 5 月 12 日笔者在全校学生家长大会上的讲话文稿)

自我提升篇

见贤而思齐,谋定而后动

——赴博兴县实验小学参观学习侧记

2011 年 5 月 19 日,阳信县实验小学 20 余人在李校长的带领下到博兴县实验小学考察学习,收获颇丰,感受颇深。

我们早上 6 点出发,7 点 30 分就到达了目的地。学生戴着小黄帽,自觉地排成一队入校,秩序井然。

在参观过程中,学校新建的校史馆给我留下了深刻的印象。馆内张贴着历任校长、历届毕业生的照片,还陈列着很多校史资料,记录着学校的发展足迹。我们都感到非常惊讶,几十年前的学生毕业照居然还保存着,这是多么珍贵的记忆。我不禁想到,我校有没有保存这些资料呢? 如果有一天我校要举办校庆之类的庆祝活动时,我们能呈献哪些有教育价值的东西呢? 档案资料的整理和保存在这个时候显现出了重要价值。

之后,我们参观了教学楼、办公室、乒乓球训练房。教师的办公室和学生的教室都在同一个教学楼上,并且按照和任教班级就近的原则设置。我觉得这样比较好,既方便学生管理,又方便教师教学。而我们学校教学区和办公区分离,教师办公室和学生教室离得太远,老师到达教室后必须调整一下呼吸才能笃定心神上课。有的需要连续上课的老师在课间也来不及回办公室休息和调整就要接着上课,如果有什么特别准备的话(比如学生作业),就不得不吩咐学生到办公室去拿,这也许是我们经常看到一些学生已经上课了还往办公室跑耽误上课的原因之一吧。

接下来,我们和博兴县实验小学的高校长进行了座谈。座谈的过程中我们收获很多。我们每个人就教学中自己最困惑或最感兴趣的方面分别向高校长请教。

座谈首先从李校长提出的"学校在管理方面有哪些突出的做法"开始。高校长的回答中我印象深刻的有这么几句话："管理制度是一把剑,是吓人的而不是管人的。""管理者不是在管人,而是为教师服务,顺应规律!""得让家长体会到这一帮人是干事的,校长的管理理念决定一切。""校长是老虎,但经常在睡觉,必要的时候就醒来,学校中的任何事都不如课堂教学重要。"用高校长的话总结学校的管理经验就是"构建基于课程、基于规范的管理模式,实现人性化目标"。聆听时我在想,对于那些认真执行制度的老师,我们应以怎样的方式给予认可和鼓励,保持其持久的工作积极性呢? 对于那些有一技之长的老师,我们应如何充分利用他们的特长和才能呢? 如果这些老师长期得不到学校重视的话,他们会慢慢地失去积极性,因为他们会觉得做好做坏都一样。我不由得想起杜威说的一句话"得到赏识是一个人的最重要的心理需求"。认可老师,眼中有老师,搭建平台让老师尽其所能,对于激发老师的工作积极性、提高学校管理水平非常重要。

我就"学校是如何落实课程方案,加强综合实践、校本地方课程教学的?"这一疑难问题专门请教了高校长。高校长用"虚功真做"这四个字来概括,并且说"这样的课无须专职教师担任,应该让那些比较有能力,但在语文、数学学科教学方面较弱的老师来担任,这样便于成就教师"。我觉得高校长的观点有一定的道理,但不敢完全苟同。后来,我又参加了在阳信镇中心小学举办的"综合实践、校本地方课程实施现场会"。从展示的成果和介绍的经验做法来看,他们做的是真功,从领导、教师到学生都付出了很多,展示了丰富的活动成果。但我又在想,那样会不会冲淡对语文、数学等国家课程的教学? 在做这些的过程中,老师和学生会有多少精力投入国家课程的落实上? 可能我的思想认识还不到位,导致我的看法有些偏颇。怎样才能做到在突出国家课程的基础上开好校本地方课程呢? 很长时间以来,我一直在纠结、思索着……

之后,其他教师就教师考勤、教研活动开展、教师理论学习等方面的问题一一向高校长请教。在教师考勤方面,特别是对于教师出公差学校该不该统一调课的问题,高校长回答得十分坚决:学校不管,教师自己调课,回校后补上。我校一直为一部分教师因出公差而不上课感到苦恼,因为调给谁,谁都不乐意。在这方面,我觉得学校要有一定的原则,衡量课堂教学和学校其他工作的方面到底孰重孰轻?

在教研活动方面,高校长说他们学校的主要形式是课—研结合,以教研组为单位,以课堂教学为载体,通过集体备课和磨课、议课,促进教师业务的提高。这一点,和我们学校有相似之处。我校的"青蓝工程"就是这样有效开展的,年轻老师经过两次磨课、教后反思和现场答辩真正得到了锻炼,骨干教师通过这次活动也充分发挥了作用。虽然老师付出了很多，但他们都觉得这是有用的事，都乐此不疲。

　　讨论的话题一个接一个，不知不觉两个小时过去了，我们该返程了。返程路上，大家仍然就博兴县实验小学先进的管理思想进行讨论，各抒己见……

赴潍坊市潍州路小学挂职培训日志

2012 年 3 月 4 日　星期日　天气阴

校园印象

阳信县赴潍坊市名校挂职培训校长共 21 人,在县教体局师训科科长的带领下,下午 2 点正式启程,6 点到达预订宾馆,接待我们的学校负责人杨校长和韩主任早已在宾馆等候。

我们挂职的学校是潍坊市潍州路小学。这是一所百年老校,1906 年建校,一进校园却感觉充满着现代气息,只有校园里几棵大的松树和梧桐树好像见证着学校厚重的历史。学校占地面积并不很大,校园南面是两座教学楼,北面是行政楼,西面正对着大门的是升旗台,升旗台上有一堵大的影壁,"阳光每天都是新的"几个大字格外醒目,整个校园环境给人以整洁、紧凑、雅致的感觉。围着校园转了一圈,韩主任又领我们来到临时给我们安排的办公室,看来学校为了我们的到来已经做好了充分的准备。

3 月 5 日　星期一　小雨

初识王校长

早 7 点 30 分,我们来到学校,在校门口我们见到了王秀芹校长。她站在校门口迎接入校的学生,经介绍后我们随王校长来到了她的办公室。

我们一一向王校长做了自我介绍,并说明了此行的目的。王校长简单地介绍了学校的情况,尤其是近几年办学方面的特色:一是家校共育取得了明显成效,二是实行教师主题式发展策略,三是开发了以"阳光教育"为主题的校本课程体系。王校长还向我们谈起学校面临的比较棘手的教师职称评定工作,道出了校长工作的苦衷和无奈。她说,校长的工作说好干也好干,把上级部门安排的干好就行,但是要想干出特色,那就必须自己找事干,别人都说她是"拼命三郎""工作狂"。从言谈中,我们感觉王校长是一位处事非常干练、思维非常敏捷的人,是想干事、能干成事的人。

升旗仪式

9 点 40 分,我们参加了学校的升旗仪式。每个班从教学楼出来时就已经列队有秩序地入场;学生的队礼非常标准,特别是上台演讲的学生,演讲完毕后,行队礼,向左再向右转身,规范有序,训练有素。除班主任参加升旗仪式之外,每个班的任课老师也整齐地站在学生后面,当天的执勤老师专门检查老师的到位情况。

和教导主任座谈

下午 2 点 30 分,按照学校的工作安排,两位教导主任来到我们的临时办公室,和我们交流有关学校教学方面的工作经验。我们就比较关心或者在工作中比较困惑的问题开始了座谈。我们共提出了大大小小 16 个问题,座谈进行了近两个半小时。由于我们的问题提得多,并且学习的态度很诚恳,以至于两位主任都不好意思脱身。

3 月 6 日　星期二　多云

走进课堂

上午我们听了两节语文课,一节是刚毕业的年轻老师执教的五年级的精读课《海伦凯勒》;一节是比较有经验的老师上的四年级的"对比阅读"课《夜莺的歌声》和《小英雄雨来》。"对比阅读"是这位执教老师两年来一直研究的课题。本次课堂观摩学校专门邀请了区教研室教研员来进行指导,我们也借此机会参与评课活动。

潍州路小学的语文课堂与我校的课堂相比,最突出的地方体现在以下几个方面:一是学生的阅读量大,知识面广。每个学生都有配套的主题阅读读物;学习每个主题单元前,老师都要推荐读物,布置阅读任务,学生每天进行早读,课前背诵指定篇目。二是学生的学习习惯好,坐姿、写字、表达都很规范,且有预习的习惯。老师编制导学案,提出最主要的问题布置预习作业,让学生把完成的情况记录在导学本上。三是他们的语文课堂是自主的课堂,给学生充分的读书、交流时间。四是老师的主导作用发挥得好,学生在小组讨论时老师参与其中,及时提出指导性的建议和要求,而不是袖手旁观等时间。这两堂课也有许多遗憾之处:老师引导学生细读文本不到位,语言文字功底不扎实。

参与评课

10 点 30 分的评课,由王校长主持。两位执教老师简单地说明了教学目标之后,教研员对这两节课进行评价。教研员直截了当地指出了两节课存在的共性问题,并提出了改进建议:文本细读的目标非常关键,一定要明确、清晰,老师一定要把文本读透了,把具有启发性、最关键的问题提出来,然后通过创设具体的问题情境,具体化地、有策略地引导。文本细读,需要老师课前把课文读懂。教研员还提道,关于拓展的资源,老师也要心中有数,要把补充拓展的资源读透了,抓住关键词句,找出最打动人的词语。

通过此次评课,我们解决了很多疑问:为什么人家的学生整体素质高,因为老师的素质高,能把学生带到水草肥美的地方。老师的素质是如何提高的?一是有专业人员(教研员)的引领,区教研员每周至少有三天在学校听课、评课,指导课堂教学。二是校长特别重视教师的专业成长。今天原本教研员要去别的学校,是王校长邀请来的,校长全程参与听课、主持评课,青年教师没有理由不进取。三是源于教师自身专业成长的主动性,正所谓外因是变化的条件,内因才是变化的根源。

家校合育

家校共育是潍州路小学富有特色的办学经验,曾受到专家的高度评价。今天下午,学校德育处负责人向我们做了题为"家校合育机制的探索与实践"的经验介绍,还专门邀请家委会会长、部分家委会委员和班主任同我们座谈。通过交流,我们深切感受到家校合育的许多做法值得我们学习借鉴。比如,家长委员会组织"亲子社会实践活动";成立了"潍州路小学家长助教团",让家长给孩子们上课;家长组成义工爱心服务队,每天护送孩子们入学、放学等。

教研活动

下午学生放学后的 1 小时是教师集体教研活动时间,活动的主题是区教研室推行的一种叫"双整谐动"的备课模式。主持人简单说明活动主题,边讲解边课件演示,用时约 20 分钟。随后,整个教研活动程序比较简单,安排得比较紧凑。

3月7日 星期三 晴

仪式感

7点50分,我们到达学校,随着刚入校的学生站成一队往里走(只要有两人以上在校园里走,就自然地排成"1"字队形,我们也自然地加入他们的队伍)。大部分学生已在教室里早读,少数学生在校园里打扫卫生。突然,国歌声响起,只见扫地的学生放下手中的笤帚簸箕,行走的学生停下脚步,不约而同地面向国旗敬礼。原来,这是学校每天要举行的升旗仪式啊!我环顾四周,只见校园里不论是门卫还是执勤老师,都已立正,面向国旗。我们也停下脚步,向国旗行注目礼。在这里我们受到了深深的教育,是学生用他们的行动教育了我们。"热爱祖国""尊重国旗"不是体现在口头上,而是通过仪式感落实到行动中。

自主学习

上午只听了一节一年级的语文课,听后我们便在办公室里交流、梳理两天来的学习情况,直到中午放学。

下午我们没有具体的学习任务，大家主动要求到资料室参观、学习。资料内容很丰富，有学校规章制度、课程建设、教师成长档案、"家校合育"档案等材料。我就比较感兴趣的学校制度建设、课程开发和教师成长档案资料进行了细致的了解，值得借鉴的地方随时拍照以供日后反复学习。

3月9日　星期五　天气晴

今天是挂职培训的最后一天，为表达谢意，我们送上了早已准备好的锦旗，并且和挂职学校的领导合影留念。活动到此也算画上了圆满的句号，但是我们还舍不得离开，因为他们学校今天有校务会，我们很想看看人家的校务会怎么开。

10点，校务会正式开始，学校中层全部参加，分管行政工作副校长主持会议，王校长聆听各办公室负责人的工作汇报。每个人汇报都言简意赅，因为校长决不允许他们拖泥带水，这保证了会议的高效率。悬挂在墙上的写有比尔·盖茨的话的相框，充分说明他们的会议纪律之严格：

会议时间非常宝贵。

我们必须保证，所处理的事实和建议来自精确的分析，而不是捕风捉影。

我们必须保证，会议的结果是可执行的决定，而不是坐在一起空思臆想，空谈哲理。

他们团结一致的领导班子、高效运转的工作机制和求真务实的工作作风，对我们都有很大的启发作用。

我们带着还来不及消化的学习收获，于下午2点集体乘车返回阳信。我想，本次挂职培训的收获会在我校今后的发展中逐步显现，因为我们决心：办好一所学校，带好一支队伍，成长一批学生。

智慧校长，成就阳光教师，培育阳光少年
——赴潍坊市潍州路小学挂职培训体会

2012年3月4—9日，在阳信县教体局的精心策划和组织带领下，我校部分教师有幸到潍坊市潍州路小学挂职培训一周。我们非常珍惜这样的学习机会。学习期间，我参观了校园，观摩了课堂，参与了教研，聆听了报告，列席了办公会议，和校长促膝交谈，对学校管理、校园文化、教师发展、制度建设等方面进行了全方位、立体式体验。潍州路小学科学发展的理念体系、高效运转的管理机制、求真务实的工作作风、细致规范的检查评价，无不给我留下深刻印象。反复思考后觉得有句话最适合，"学校的一切一切都是为了孩子的发展"。潍州路小学王秀芹校长不经意的一句话，道出了学校工作的出发点和落脚点，她说："老师们每天的工作满负荷，累呀！但是他们知道这样的付出，受益的是孩子啊！"

一、学校要有智慧的决策者
智慧之一：顶层设计

王秀芹校长的办学思想成就了这所学校。我们一到潍州路小学，该校办公室主任首先提供给我们每人一套学校三年发展规划，并且概括说明了实施进展和取得的效果。刚一拿到这套材料，我想，有这么重要吗？不就是规划吗？可是，随着和校长座谈，和教务主任、德育主任交流，走进课堂，在档案室里查看资料，我越来越为自己起初的错误想法而汗颜。"阳光教育"是该校的办学理念，是2009年王校长来校一年后，在全面调查研究的基础上提炼出来的核心理念。潍州路小学围绕该理念制定了三年发展规划，确定了发展目标和发展项目。发展目标中既有近期目标，又有中远期目标；发展项目中既有重点发展项目，又有基础发展项目，每个项目都有具体的实施办法，可谓目标明确，措施得当，最重要的是贯彻到位。可以说，该校所呈现的一切都是规划中所列及的，成果非常明显。

智慧之二——重点关注

王校长特别关注青年教师的专业成长。3月6日,我们要听两节课,王校长全程参与听课,之后的评课也是王校长主持的。教研员评课之后,王校长总结发言:"我们要特别珍惜王老师(奎文区教研员)来校指导的机会,你们不知道,王老师能来我们学校多么不容易,原计划是不到我们学校的,是在我再三要求之下,王老师向局领导多次请示汇报并保证不耽误其他学校的听课任务后才来的。我们必须好好准备,拿出点成绩来,让王老师看到咱们的进步,好多来几趟,要不然,我这老脸往哪儿搁?"机智幽默的话语中,既包含着对教研员的尊敬,更包含着对青年教师委婉而诚恳的鞭策和鼓励,这对青年教师来说无疑是巨大的压力和动力。

智慧之三——运筹帷幄

我们从与王校长的交谈中、从她主持的会议中领略到了她的工作魅力:思维敏捷,精明干练,运筹帷幄。

3月8日上午10点学校召开行政办公会,参加会议的是校级领导班子成员,办公室主任列席会议并做会议记录,我们也应邀出席。王校长主持会议,各负责人分别汇报本周工作的完成情况和下周的工作安排。各负责人汇报完后,王校长总会问一句:"有需要协调的吗?"这句话太关键了,因为办公会一般就是碰头会、协调会、思想统一会,这句话充分地说明了学校工作一盘棋,各科室既要各负其责,又要协调兼顾,真正做到"分工不分家,合作不乱抓"。然后王校长就汇报的工作提出自己的意见和建议,并就有些工作进行了强调和补充。这些工作涉及工作的方方面面,大到第二轮学校三年规划的制定(第一轮三年规划还没有结束,又要考虑第二轮的),小到课题研究的人员不能重复参与、对保安的工作要及时鼓励、外出学习的哪些老师还没有反馈、三八节提前半小时下班,等等,从教学到行政,考虑得非常细致周到。"一枝一叶总关情",王校长心里装的是整个学校,而对细节问题又了然于心,体现出高超的领导力。

智慧之四——重视读书

读书可以明理,读书可以启智。王校长特别注重校领导班子成员的读书学习:每学期推荐一本书共读,每个人要记下足量的读书笔记;每个周五的校务会上,逐个汇报读书情况,简要阐述读书体会;每月举行一次读书论坛。以此来提高管理队伍的水平。

二、学校要有务实的执行者

校长的理念再先进,没有务实的管理执行团队,也只是一纸空文。潍州路小学却因为有一个团结务实的管理执行团队和高效运转的执行机制,才成就了如今的学校。

三、学校要有勤奋的实施者

学校各年级组以团队命名,每个团队都有一个响亮的名字,如"追求队""和谐号""先锋队""超越队",每个团队都有自己的带头人。例如,陈海霞老师就带领团队主动进行"对比阅读"教学实验已有两年,效果非常明显。像这样的老师还有很多,如张晖、陈海霞、周丽娜,工作三五年后迅速成为区、市级的教学骨干。他们积极进取、阳光干练、老练沉稳、激情飞扬,从精致的板书、良好的课堂调控能力到扎实的教学基本功,都令人叹服。这不仅源于学校对于教师专业成长的重视,更源于教师主动积极的进取态度。

也正是有这样的校长和教师,一批批阳光少年苗壮成长。端正的坐姿、漂亮的书写、流畅的表达、文明的举止……这不就是我们的教育目的吗?

一周的挂职培训是那样的短暂,但是我们受益匪浅,收获的不仅仅是一些操作层面可以直接借鉴的具体做法,还有教育思想的转变。我们要进行教学新思想的实践,并且长期坚持下去,直至理想的教育效果呈现。

我在思考……我在实践……我在期待……

亲近专家名校,感受卓越教育,助推专业发展

2016 年 8 月 6—9 日,我校一行十人在校长的带领下,参加了由劳店镇发起,教体局师训科协调组织,华东师范大学承办的中小学骨干校长专业能力提升研修班。研修以专家报告、名校观摩、互动研讨为主要形式,共聆听报告八场,观摩学校五所。本次培训内容丰富,主题鲜明,但因信息量特别大,很多知识来不及或无力消化吸收,所以所获得的感受和体会仅是零零散散表面化的,不成系统。现把自己觉得好的地方一一列举和说明,作为本次学习的收获,以期影响自己的教育思想、思维模式及工作方式,在今后的教育教学工作中尽可能地发挥培训的指导和引领作用,体现培训的价值。

收获之一:这次培训是教育思想的高端引领,提升了境界,拓宽了视野。

本次培训共邀请了七位教育专家,分别就"中国梦与校长使命""基于心智学的教育领导力提升策略""学校特色文化建设与校长如何作为""学校创新发展策略"等主题进行了讲解。他们对教育的理解、对如何提升校长领导力的阐述、对如何办好一所学校的思考和实践,都是从关心国家的前途命运出发,着眼于学生的未来办教育。

"成绩永远是教育的副产品",这句话,不止一位专家提到。这引发了我们的思考:我们的教育不能只为了眼前学生的考试成绩,而应该着眼于学生的核心素养培养,使其能够适应未来社会的发展,能够在未来社会中立于不败之地。如果我们只关注学生当下的成绩,用传统的、已被时代所淘汰的方法和模式机械、重复地教育学生,势必南辕北辙。

亲历名校,优雅的校园环境、浓郁的校园文化、富有特色的建筑设计,令每一位参训者赞叹。印象最深的是南京市浦口区行知小学,百亩荷塘昭示教育者对待学生要有花苞心态,静等花开,关怀生命,关注生长,关心生态,关切生机。静

安区第一中心小学实施现代小公民教育,无论是教学楼、办公楼,还是孩子们的活动楼,所到之处,无一不体现着校长先进的办学理念。

收获之二:这次培训提供了有关学校管理的策略指导,如有效沟通。这是领导者必须掌握的技巧,便于问题的解决。

刘濯源教授所做的题为"基于心智学的教育领导力提升策略"报告,最核心的要义是,不论是领导者还是一般教师,都应该转变传统的思维模式,构建心智模型。刘教授让学员通过参与体验的培训方式,学习与他人有效沟通的方法和策略,"检视自己的语言",指责、讨好、超理智的语言都不容易达到沟通效果。遇到麻烦事时的有效沟通要"三步走":第一步是悦纳,不要着急,像"让我们坐下来想一想,为什么发生这样的事";第二步要厘清事实和情绪,正确归因,"我能感受到你很难过,如果愿意的话,可不可以讲一讲";第三步是引领,怎么做才是最好的,哪些问题有可能解决。关于有效沟通,侨谊中学的戴文君校长也列举了具体的实例,很值得学习。她说,为老师服务,和老师对话,要表现出最大的诚意,说话不能含糊,谈话之前要做好充分的准备。

收获之三:这次培训引发了我们对现实教育问题的思考,让我懂得了反思、明确了方向。

刘濯源教授指出,思维可视化是指以图示或图示组合的方式把原本不可见的思维路径、结构、方法及策略呈现出来,使其过程清晰可见。通俗地讲,就是把大脑中的思维"画"出来的过程。思维可视化教学则以"学会学习"为追求,把教学的"焦点"从知识移到知识背后的思维上,推动并支持师生共同思考,以构建"思维共振,思想争鸣"的课堂新生态,是对传统知识灌输型课堂的颠覆。

刘教授进一步解释说,当下以"慕课"及"翻转课堂"为代表的"互联网+教育"正如一辆无形的铲车轰轰隆隆地开过来,准备拆掉学校的围墙——时间与空间的束缚。然而,新科技也许低估了旧习惯的力量:信息技术的发展,虽然使学习资源突破了"时空藩篱",但教育者与被教育者的"大脑藩篱"却依然坚固,不思考的教与学天天都在重复。这不是信息技术能解决的,必须交由能够发展教育者及被教育者思维能力的心智型教育技术来解决,如思维可视化技术。思维可视化技术更关注人的大脑(思维能力),也许将引发一场"脑内革命"!他进一步强调:以心智教则强,以心力教则殆。所谓心智,即心理及思维能力;所谓心力,即心神精力。前者越用越强,后者越用越弱。大多数老师用的都是后者,所以苦累在所难免!教育不是工业,也不是农业,而是智业!教师不该是搬运工,也不该是老黄牛,而应该是助产婆——苏格拉底式的助产婆。这对于我们的触动非常大。

　　基于现实的教育环境,我们要走的路,方向至关重要,方向错了,努力白费。如果囿于传统的教学方式,故步自封,不思进取,定被淘汰。但凡有一点教育情怀的人,都不愿看到这种结果。我认可戴文君校长说的,老师们是向好的,并不是不愿意干,而是没有找到打开愿意干的钥匙。领导者应有勇气挣脱应试的藩篱,摒弃急功近利的思想,让教师找到方向、看到希望,觉得努力不白费。我想这样我们的教育就有了生机,就会充满了活力。

　　我们今后要做的是系统思考课堂教学改革的路径、方法和策略,同时把校本课程建设好(和新教育实验的研发卓越课程相结合),特别是德育主题教育课程化、系统化(和新教育实验推进每月一事相结合)。

　　培训的结束,意味着实践的开始,只有把学习到的知识在具体实践中加以运用,才能实现培训价值的最大化。愿我们携手相扶,共同行进在改革创新的大路上!

课题研究篇

让课题研究引领教师专业成长

苏霍姆林斯基曾说过,如果你想让教师的劳动能够给教师带来乐趣,使天天上课不至于变成一种单调乏味的义务,那你就应当引导每一位教师走上从事研究这条幸福的道路上来。

近几年来,我校高度重视教育教学研究工作,以科研为抓手,以课题为突破口,以学科教学为载体,大力推进教育教学改革,促进了学校发展,提升了学校品质,实现了课题研究与学生个性化发展、课题研究与教师专业成长、课题研究与学校发展同步推进的阶段性目标。

一、立足实际,选择合适的研究课题

近几年,随着办学规模的扩大,我校注意以内涵发展来提升办学品质,提出了"让学生体验成功快乐,让教师享受教育幸福"的办学理念,确立了"基础扎实、人格健全、勇于创新、素质全面"的培养目标。随着素质教育的进一步推进和新课程的开展,学生个性化发展成为新的课题,改进学习方式是培养学生科学精神、创新精神和实践能力的根本途径。但是,我校中青年教师专业水平参差不齐,一部分老教师传统教学观念根深蒂固。面对课程改革,有的教师无动于衷,有的教师"穿着新鞋,仍然走着老路","为了每一个孩子的发展"的目标只体现在口头上,而难以落实到行动上。随着课程改革向纵深推进,实践层面形成的诸多教学问题,除了要靠教师自己的实践智慧来解决外,还需要依托校本研究和课题研究,促使教师在研究中提升、在实践中成长。五年来,我校陆续开展的研究课题共 26 项,例如,"小学数学自主探究式学习研究""多元智能在语文综合性学习中的应用研究""小学生良好学习习惯的培养"。这些课题由省教科所立项,省教研室组织实施,研究的问题具有较强的科学性、实践性和针对性,有一批高层次专家对课题研究进行理论指导。

二、稳扎稳打,做实课题研究过程

为保证课题研究的实效性,我校要求教师用认真的工作态度、扎实的工作作风,将课题研究做实、做细,要实实在在做研究,不跑龙套,不摆空架子。

(一)强化学习

在课题研究过程中存在两大难题:一是教师的理论学习与实践脱节,说与做不能统一;二是理论不能转化为有效的教学行为。为解决以上难题,我校在以往常规化理论学习的基础上,提出了与研究主题和教学实践紧密结合的"五结合"理论学习,即结合主题学习相关理论、结合理论设计教学方案、结合理论评价教学活动、结合理论反思教学行为、结合理论总结教学方法。我校定期组织教师学习研讨,每月一次集中培训,校长和主任定期举行讲座。通过培训讲座,教师明确了"什么是工作状态下的研究与研究状态下的工作""如何进行课题研究"。除此之外,我校规定各教研组课题及教师个人课题确立后,首先学习相关理论,并将个人学习资料存在个人发展档案中,教务处每月检查一次个人学习笔记,定期开展专题讨论。通过这些有效的学习策略,教师明白了课题研究是为教学服务的,是为学生发展和学校发展服务的,它不是一项额外负担。老师认识提高了,做研究时就有了自觉性和主动性。

(二)做实过程

(1)召开集体课题开题会,公布课题研究方案,进行任务细化分工。例如,资料搜集与整理、撰写调查报告、执教研究课、成果总结等都由专人负责,做到人人有事干、事事有人干。

(2)针对性地进行指导和要求。指导的任务主要由课题主持人承担,其通过召开专题研讨会的形式,让课题组成员汇报研究情况,解决遇到的问题,或者通过上研究课凸现问题,课题主持人在会上就要针对共性的问题提出指导性的建议。以"多元智能理论在语文综合性学习中的应用"为例,课题主持人四次参加省总课题组在济南、蒙阴、邹城、淄博召开的专题研讨会,和教育专家面对面,得到了专业指导,明晰了研究方向。紧接着,课题主持人带领成员一步步落实研究计划,分阶段召开研讨会、上研究课、总结情况、明确任务。在研究—实践—再研究—再实践的循环往复、螺旋提高过程中,研究成果逐步显现,多元智能综合性学习方法和实施过程逐步明晰,成员的研究水平也在不断提高。

(3)进行课题研究的检查。在课题实施的每个阶段结束时,教务处及课题主持人检查各种材料是否按照要求如实地填写,并且提出下一步研究要注意的问题,以使课题研究顺利推进。

(4)研究结果的提炼与提升。研究结果由教师进行提炼,经过教师自身的思考、梳理,加上团队成员的补充,成为相对成熟的经验和成果。这个过程既是提炼成果的过程,也是教师专业水平提升的过程。尤为重要的是,这一过程尊重了教师的主体性,让教师体验到了成功,更激励了教师进一步投身研究的兴趣。"多元智能理论在语文综合性学习中的应用"研究过程中,总结提炼出了近3万字的研究成果。2008年4月,该项研究成果连同其他学校的成果编辑成书《多元智能理论在语文教学中的应用》,由山东人民出版社出版发行;同时,我们把课题组成员的研究案例、教学叙事编印成《花开的声音》,推荐给全县的语文骨干老师。

三、好风借力,课题研究凸显成效

"好风凭借力,送我上青云。"目前,在各级教育部门特别重视教学研究的大好形势下,我校"组组有课题,人人做研究"的良好氛围已经形成。通过开展课题研究,大批教师体验到课题研究带来的自豪感。五年来,立项的26项课题中有16项按期结题。课题组教师撰写的教学论文有21篇在各级教育刊物上发表,有28人次在各级优质课评选中获奖。张秀男、王春花、高建峰、范淑兰、宋秋红等骨干教师之所以能持久地发挥引领作用,得益于课题研究;文玉燕、董翠平、张冬梅、孙娜等年轻教师的快速成长更是得益于课题研究。教师队伍的专业成长助推了学校办学品位的提升,2009年我校被评为山东省教学示范学校,2011年被评为滨州市教科研先进单位。课题研究使学生成为最大的受益者,课题实验所营造的一个个多元展示平台,充分挖掘出学生的潜能,使学生的学习兴趣高涨,能主动参与探究活动,涌现出一大批小书法家、小画家、小主持人、小作家、小钢琴家、小武术家等等。

"路漫漫,其修远兮",我们深知今后的路还很长,需要努力的方面还有很多,但我们常抓不懈的课题研究、教育科研机制的创新,必将为我校教育教学注入生机和活力。

山东省教育科学规划研究课题成果
鉴定书

课题名称:多元智能理论在语文综合性学习中的应用

课题承担者:李新云 李淑芳

工作单位:山东省阳信县实验小学

研究起止时间:2004 年 9 月至 2008 年 4 月

组织鉴定单位:山东省教育科学规划领导小组办公室

鉴定方式:会议评议

鉴定日期:2008 年 9 月 22 日

一、成果简介

(1)"多元智能理论在小学语文教学中的应用研究"是培养科技创新人才的需要。在 21 世纪,以科技创新为基础,以经济全球化、信息化为主要特征的发展潮流,正把人类社会带入一个前所未有的创新时代。科学发展使得学科知识既高度分化,又高度结合;对人才的要求是既要博,又要专。时代发展和科技进步对人才的需求越来越趋向多样化,传统智力理论即以语言和数学逻辑智能为核心的智力理论及其影响下形成的教育观和人才观,已经不能满足时代发展的需求,当今时代呼唤新的智能理念,需要新的教育观和人才观。

(2)"多元智能理论在语文教学中的应用研究"也是当前基础教育改革的需要。1983 年,世界著名发展心理学家、美国学者加德纳提出了多元智能理论。该理论在世界许多国家的教育界引起了强烈反响,促进了这些国家的教育教学改革。近年来,多元智能理论也成为我国基础教育课程改革和素质教育的重要理论支撑之一。而语文综合性学习也是本轮课程改革的新生事物,在我国素质教育推进的历程中将发挥重要作用。将多元智能理论与语文综合性学习相结合,对我们的教育实践有重要意义。只有改变旧的思维方式,用多元智能理论来指导教育改革,才能适应当今社会和时代发展对人才的需求。由此,我们在总课题"多元智能理论在小学语文教学中的应用"的研究引领下,提出了"多元智能理论在语文综合习性学习中的应用"这一子课题进行研究。

（3）本研究将多元智能理论与综合性学习相结合,积极探索总结运用多元智能理论改进教学的策略和方法。多元智能综合性学习的方法主要有语言智能学习法、数学—逻辑智能学习法、音乐智能学习法、身体运动智能学习法、空间智能学习法、人际交往智能学习法、内省智能学习法、自然观察智能学习法。运用这些方法进行教学,既能使学生的语言智能得到最大限度的发展,又能在语文综合性学习的过程中,发展学生的强势智能及其他方面的智能。

（4）课题研究带动了理念提升。通过课题研究,实验教师在教育教学理念方面有了五个方面的变化。第一,树立了新的教育观,学校教育应该"创造适合学生的教育",而非停留在"选拔适合教育的学生"。教育,就是要在充分了解每个学生潜能的基础上,把他们的潜能充分地开发出来。第二,树立了新的学生观。每个学生都是潜在的天才,只要为他们提供合适的教育,每个学生都能成才。每个学生都有各自的优势智能领域、学习风格类型和发展特点,学校里不存在差生。第三,树立了新的教学观。成功的教学,在于帮助学生成为有效的学习者。教师要关注每个学生的心智水平与个性差异,因材施教,不要"一刀切";要因人而异,不要"齐步走"。第四,树立了新的人才观"人人有才,人无全才,扬长避短,人人成才"。每个学生都有一种或数种优势智能,只要教育得法,每个学生都能成为某方面的人才,都可能获得某方面的专长。第五,树立了新的评价观。评价的目的是促进学生的发展,评价要遵循全面性、发展性、差异性、激励性原则。

（5）课题研究促进了教学创新,改变了教师的教学行为。本研究将多元智能理论应用于综合性学习的教学实践中,探索总结出了运用多元智能理论进行综合性学习的策略、方法及多元智能理论指导下的综合性学习的基本流程,为语文教育实践总结出了带有普遍意义的、科学的、可操作的方式方法。教师利用该课题研究成果进行教学,能更关注学生的个性和差异,更注意挖掘教材的内容和特色,更注意利用一切有价值的教学资源,更注意采取灵活多样的教学策略,因材施教。

（6）课题研究带来了学生学习态度、学习方式的变化,使学生学习语文的兴趣更加浓厚,学习的热情更加高涨,学习的方式更加多样。学生面对不同的内容,或自主实践,或合作探究。不同的学生,由于智能特点不同,面对同样的学习内容会采用不同的学习方式。学习态度、学习方式的变化,使语文课堂氛围更加和谐,学生学习效率显著提高。

二、专家鉴定意见

2008 年 9 月 22 日,山东省教育科学规划领导小组办公室组织专家对山东省阳信县实验小学李淑芳同志主持的山东省教育科学规划"十五"滚动重点课题"多元智能理论在小学语文教学中的应用"子课题"多元智能理论在语文综合性学习中的应用"进行结题鉴定。专家组认真审阅了课题组提交的研究报告、研究成果及相关材料,听取了课题组负责人介绍的研究工作报告,观摩了课堂教学,观赏了实验学校和学生的语文素养展示,在此基础上经行商讨,形成如下鉴定意见:

课题选题研究价值高。美国学者加德纳提出的多元智能理论,在全球教育界产生了广泛的积极影响,对我国正在进行的课程改革也有极为有益的启示。课题研究者在深入解读多元智能理论、深刻分析我国语文教学现状的基础上,结合自身研究条件,提出该课题进行多元智能综合性学习方法和实施过程两个方面的研究,有助于丰富语文教学实践经验,具有较高的实践价值。

课题研究目标明确。一是研究多元智能理论指导下的八种综合性学习方法:语言智能综合性学习法、数学智能综合性学习法、音乐智能综合性学习法、身体运动智能综合性学习法、空间智能综合性学习法、人际交往智能综合性学习法、内省智能综合性学习法、自然观察智能综合性学习法。二是研究多元智能理论指导下的综合性学习的一般流程:活动准备阶段、活动启动阶段、实践体验阶段、展示交流阶段。这样具体可行的目标,便于实验教师理解、实践、反思、总结。

课题研究方法科学。该课题针对不同的研究阶段以及不同的研究内容,分别采用文献资料法、行动研究法、比较归纳法等多种方法进行研究,提高了课题研究的效度。

课题研究措施得力。该课题组建立了有效的组织机构,制定了一系列管理制度,定期组织研究人员进行理论学习,定期召开研讨会,定期总结交流,确保了研究工作扎实、有序推进。

课题研究成果显著。课题组通过研究实践,提高了研究者的素质,提升了研究者的科研水平,使其教育教学理念有了明显转变、教学质量明显提高,所培养的学生不仅语言智能水平高,其他方面的智能也得到了有效发展。另外,课题研究过程中,研究成果中有多篇文章在省、市级报刊发表或获奖,参与编写的《多元智能理论与小学语文教学》一书在省内外产生了广泛的影响。

综上所述,鉴定组认为,该课题研究思路清晰,目标明确,研究过程真实,研究方法恰当,成效显著,研究成果具有重要的理论价值和实践价值,居省内同类研究领先水平,同意结题。

　　建议教育行政部门在更大范围内宣传推广研究成果,让该成果发挥更大的作用。建议课题组拓展研究领域,将多元智能理论应用于其他教学内容中,进一步总结和提炼研究成果,促使课题研究进一步深化。

《多元智能理论与小学语文教学》(节选)

　　《语文课程标准》指出,"小学综合性学习主要体现为小学语文知识的综合运用,听、说、读、写能力的整体发展,语文课程与其他课程的沟通,书本学习与实践活动的紧密结合"。小学语文综合性学习应强调合作精神,注意培养学生的策划、组织、协调和实施能力。小学语文综合性学习应突出学生的自主性,重视培养学生主动、积极的参与精神,主要由学生自行设计和组织活动。多元智能理论指出,每个学生都有自己的优势智力领域,而在语文综合性学习过程中要充分展示每个学生的优势智能,并不断发展和开发所有参与主体的潜在优势智能,所以我们可以这样说:多元智能理论是综合性学习的理论基础,综合性学习又为多元智能理论的实施提供了一个可操作平台。本成果主要阐述多元智能理论指导下的综合性学习方法和实施过程,为广大小学语文教师提供比较可行的多元智能理论指导下的语文综合性学习策略。

第一节　多元智能理论指导下的语文综合性学习方法

　　小学语文综合性学习是带有综合性质的语文学习方法,是一种"活化"的学习,一种具有自主性、群体性和探究性的学习。它既注重学习方式的自主与综合,又注重学习过程的开放与互动。这就决定了综合性学习方法的多元性和自主性。因此,学生可以根据自己的智能优势选择学习方法,从而积极有效地进行语文综合性学习,努力实现语文知识的综合运用、听说读写能力的整体发展。

一、语言智能与语文综合性学习

　　语言智能是指有效地运用口头或文字表达思想并理解他人,灵活掌握语音、语义、语法并运用自如的能力。语文综合性学习主要表现为语文知识的综合性运用,听、说、读、写的有机结合和听、说、读、写能力的整体提高。可以说,综合性学习是运用智能并发展智能的重要途径。那么,利用语言智能进行综合性学习有哪些方法呢?

（一）听故事

听故事、讲故事是学生比较喜欢的说话训练方式。据调查,90％的孩子对内容丰富、形象生动的故事感兴趣,无论是听故事、讲故事还是编故事,他们都兴趣盎然。家长和老师也都乐意用故事来教育孩子。的确,故事是最广泛、最基本的语言表现形式。教学中,采用故事接龙、故事改编、故事续写等多种形式来锻炼学生的想象力,培养学生的注意力和记忆能力,有利于学生的语言智能和思维能力的发展。例如,在语文综合性学习实践活动"走进春节"中,学生研究了大量春节习俗的由来,如饺子的产生、拜年的来历、春联的产生,还有民间的请爷娘、敬天地等大量民间传说。学生在讲故事时绘声绘色,如有一个学生讲道:"我想给同学们讲一讲大年初一拜年的来历。古时候有一种怪兽,头顶长独角,口似血盆,人们把它叫作'年'……"他边讲边表演,学生们看得目不转睛,听得津津有味。有的学生听后指出:"这只是一种传说,我们相信世上绝对没有'年'这种东西。而现在的拜年最主要的功能是增进亲朋好友间的交流和感情。"学生们不但积极讲述精彩故事,而且认真听故事。这样不仅提高了说者的语言能力,还开阔了听者的"听野"。

（二）讨论

讨论,即研讨、辩论。学生们就一个主题发表看法,互相启发,增进对主题的理解。在语文综合性学习中,一些复杂的真实问题,可以让学生运用讨论的方式更全面、更深刻地认识这些问题。讨论要注意两点:第一,清晰地表达自己的看法。讨论过程中,学生各抒己见,滔滔不绝,思维处于最紧张、最活跃的状态,这时要注意表达的清晰性,让别人理解。第二,注意倾听、理解。讨论过程中要注意倾听别人的意见并进行评价,以改进自己的观点。

在一年级语文综合性学习活动"寻找春天"中,学生根据自己的发现,就"春天是什么颜色"展开了讨论。例如,程程说:"春天是红色的,我家阳台上的杜鹃花、玫瑰,连仙人掌的花都是红的。"李硕立即反驳:"不对,是绿色的,你看不见柳树、小草都是绿绿的吗?"马艳说:"老师,我觉得春天是白色的才好看,我家梨树地里一片雪白,可好看了!"最有意思的是宋崎,他雄赳赳地问同学们:"春雨也是春天的,你说它是什么颜色?""没有颜色。"同学们异口同声地说。"哈哈,我说春天是无色的。"(同学们大笑)在孩童的天真中,我们感受到了春的美好。最后在老师的引导下,学生们编了一首非常美丽的诗《春的色彩》。另外,学生们还在家长的帮助下完成了自己的作品,有相片,有录音(春天鸟儿的叫声),等等,把春天展示得淋漓尽致。通过这种讨论,学生的视野拓宽了,知识丰富了,他们会用自己的心、自己的情感、自己的个性去表达、去交流,去创造和追求更加美好的生活。

（三）访谈

访谈，就是通过访问者与被访问者直接交谈的方式收集信息的一种研究方法。访问者可以直接了解被访问者的思想、心理、观念等深层次的问题，还可以直接询问被访问者对研究问题的看法。访谈之前，访问者要明确访谈目的，查阅相关资料，设计访谈提纲，确定要提出的问题。访谈过程中，访问者要及时捕捉、记录重要信息。通过访谈，学生的听、说、读、写能力都能得到充分发展。在"家乡的特产——阳信鸭梨"语文综合性学习实践活动中，为深入了解鸭梨的生长及特点，学生访问了有经验的梨农。下面是一段采访记录。

访问者：王晓睿（简称"王"）　被访问者：农民伯伯（简称"农民"）　地点：梨园

王：伯伯好，您的鸭梨长得这么好，金灿灿的，您一定是一位梨树专家吧。您能告诉我您是怎样管理的吗？

农民：闺女，梨树的管理主要在花期和果期。花期的授粉不能耽误，耽误了结的果子又小又涩；果期要套袋，这样可预防鸭梨的病虫害。

王：谢谢伯伯。我看到您的梨园中还有苏梨，您能说一说鸭梨和苏梨的不同之处吗？

农民：外形不同，鸭梨外形美观，梨梗部突起，状似鸭头，而苏梨柄部是平的。成熟时间不同，俗话说得好，"7月（下旬）大暑摘早苏梨，8月（下旬）处暑摘酸梨，9月（中旬）白露摘鸭梨，下旬秋分摘广梨"……

王：伯伯，谢谢您向我们做了这么详细的介绍。可能以后还要请教您好多关于鸭梨的知识，希望赐教。再见！

在王晓睿的日记中有这样一段话："我真是太骄傲了！经过这次访问，我不但了解了有关鸭梨的很多知识，而且觉得自己真的像一名小记者了，说话流利多了，也不害怕了。我还感觉到这样面对面的访问，一下子拉近了我与农民伯伯的距离，感觉他们很了不起。"

（四）阅读

阅读是语文学习最基本的方法，是培养语言智能的重要途径。阅读可以加强学生对语言文字的感悟和运用能力，发展学生的思维。在语文综合性学习中指导学生阅读，一是要注意选材，教师应根据学生的年龄特点、兴趣和教育的需要，帮助他们选择一些有益的读物。另外，还要注意激发学生阅读的兴趣和求知欲望。例如，学习《草船借箭》后，开展了"走进三国"语文综合性学习活动。为了激励学生阅读，老师带领学生把教室布置成了一个三国的世界。墙壁上，板报上、课桌上装饰着有关三国的格言警句，例如，曹操下江南——来得凶，败得惨；

诸葛亮征孟获——收收放放;人中吕布,马中赤兔;鞠躬尽瘁,死而后已等;班级图书角中摆放着关于三国的书籍,有《三国演义》《三国》《品三国》《水煮三国》《三国志》等。置身于这样的氛围中,学生带着极大的兴趣主动读了很多相关书籍,并且把阅读所得生活化。那段时间,学生们经常提起或模仿三国中的人物,甚至评价也带了三国味,如"吴亚蓓,我觉得你真是有勇、有谋、神机妙算,可称小诸葛了"。这样的阅读是从学生感兴趣的一个点切入,然后拓展,并创设相应的阅读情境进一步激发兴趣,注意学用结合,收到了良好的效果。

(五) 写作

写作是一种重要的语言智能,是人们运用语言的基本方式之一,是一种诉诸文字的书面语言表达活动。现代社会要求人们具备较高的写作能力,以便准确、严密、快速地反映身边的客观世界,表达自己的内心感受。从根本上讲,写作能力是由语言智能决定的,并真实地反映了语言智能的水平,是建立在听、说、读的基础之上的。可见,培养、提高语言智能的一个有效途径就是加强写作教学。写作先要做好学生的心理工作,让学生明白写作无处不在,小到一个填空、抄写书面或口头的资料或笔记、摘要、报告等,大到日记、信件、故事、诗词。另外,引导学生观察生活,生活永远是写作的源泉。学校的感恩教育活动启动后,围绕感恩举行了"拥有感恩的心"语文综合性学习活动。在"拥有感恩的心"大标题下,学生就感恩谁做了讨论,列出了很多小标题:感恩父母、感恩老师、感恩社会、感恩大自然、感恩一次机遇……这样就扩大了学生写作的内容空间。对于怎样感恩,学生也进行了详细讨论,如帮父母做家务、做母亲节的礼物、倡议爱护大自然。在汇报中,学生的表达方式多种多样,如写诗歌,制爱心卡,编小小说,写散文、剧本、小品。例如,有的学生写道:"啊,妈妈,你给予了我生命,用温柔的目光照亮了我前进的道路;啊,爸爸,你给予了我力量,用黝黑的臂膀夯实了我前进的脚步。""原来干家务这么累,我以后一定要多帮妈妈干些家务。"有的学生在老师的讲桌上放上自编的花篮,里面的爱心卡片上端正地写着:"老师,辛苦了,闻一闻这些花吧,很香……"汇报过程中,老师要及时点拨、评价,评价要有新意,这样才能激发学生的写作欲望。汇报结束后评出本期"小作家""新秀"等,还要将一些好的作品编辑成册,放到班级中传阅。另外,还要鼓励学生投稿,将作品变成铅字,每一篇稿件的发表都会让学生产生很大的写作动力。

二、数学—逻辑智能与综合性学习

加德纳认为,数学—逻辑智能涵盖三个互相联系的领域——数学、科学和逻辑。其核心是发现问题和解决问题的能力。语文综合性学习的终极目标是提高学生的实践能力。因此,数学—逻辑智能可以为语文综合性学习方法的选择提供理论依据。

（一）调查、统计

数学—逻辑智能强的人善于调查和收集资料。调查能够使学生零距离接触社会，走进生活去学语文、用语文，有利于原始资料的积累。统计可以使调查结果更形象、具体，给人留下清晰而深刻的印象，更具有说服力。例如，随着人们生活水平的提高，用一次性塑料袋买菜的人越来越多，使得环境污染越来越严重。基于此种社会现象，有的老师设计了"关注菜篮子"语文综合性学习主题。在活动过程中，善于调查、统计的学生走进市场进行调查，观察有多少人用篮子买菜、多少人用一次性塑料袋买菜；调查卖主一天用的塑料袋数量，统计一天一个市场大概用多少塑料袋，等等。此次活动不仅使学生意识到了一次性塑料袋的危害，唤醒了他们的环保意识，而且培养了学生的观察能力、口语交际能力、计算能力。

（二）类比、推理

在语文综合性学习活动中，数学思维也始终发挥着巨大的作用。当学生真正用心去观察后，他们吃惊地发现有的文学作品也涉及数学知识，提供了基本的数学思维。教师要引导学生随时注意有趣的数字知识，运用数学概念、规律来帮助学生表达和理解。在学习了小学语文第七册《积累运用四》的"对子歌"后，学生自主设计了"对对联"语文综合性学习活动。在学习过程中，学生为了对好对子，认真地观察上联或下联的特点，然后根据它们的内容和形式组织语词。在这一过程中，学生要将语言按一定的逻辑顺序进行组合，同时也要发挥判断、推理、排列、对称等数学知识的作用，从而有效地利用数学学习语文，实现了学科间的整合。

（三）分类、整理

分类是根据一定的标准把事物分成若干种类，以便更好地把握每类事物的共同特点。分类这种学习方法在语文综合性学习中也被普遍采用。整理则是对学习的内容按其内在的逻辑进行组织，形成一个知识框架。如有位老师根据第八册课文25课《古诗三首》引导学生设计并确定了"唐代古诗知多少"的语文综合性学习主题。学生通过各种方式去搜集唐代的诗歌，汇报交流时，有部分学生将古诗按照不同的标准进行了分类、整理，结果如下：① 按时间分初唐、中唐、晚唐。② 按作者分有李白、杜甫、白居易、杜牧、王维等。③ 按体裁分有古诗、律诗、绝句和乐府。④ 按题材分，有的从侧面反映当时社会的阶级状况和阶级矛盾，揭露了封建社会的黑暗；有的歌颂正义战争，抒发爱国思想；有的描绘祖国河山的秀丽多娇。在学习活动中，学生不但积累了大量古诗、了解诗歌的特点、领略了祖国灿烂的诗歌文化，而且有效地培养了搜集信息、处理信息、自主解决问题的能力,分类的能力,语言表达的能力和综合解决问题的能力,为终身学习打下了基础。

(四)图表、计算

图表是一种直观、简化的表达方式,通过图表可以更好地理解事物的特点。使用图表不只是数学的专利,在语文学科中也被普遍采用。如在学生领略了壶口瀑布的壮观气势后,恰逢"五一"黄金周,学生外出旅游可以走进大自然,零距离接触名山大川。教师利用这一时机引导学生设计了"旅游计划由我做"语文综合性学习主题。旅游前,学生自己查询确定"旅游"的地点、项目、方式(坐车、租车、跟团)等,预算费用以图表的形式呈现给老师。旅游回来后再让学生谈谈计划的完成程度以及所见、所闻、所思、所感。这一活动既培养了学生发现问题和处理问题的能力,也培养了学生的观察能力、语言表达能力。

(五)比较

比较是一种逻辑思维,是对两个或两个以上的事物的特点进行对照,发现它们的共同点和不同点的学习方法。它能够使人们对事物的特点印象深刻,在学习中会产生良好的效果。在语文学习中经常用到此方法。如语文综合性学习"我与父母比玩具",学生拿自己的玩具与父母的玩具从不同的方面进行了比较:① 玩具的来源:买/做;② 玩具价格:高/低;③ 玩具种类:丰富/单一;④ 玩的时间:短暂/持久;⑤ 玩具带来的快乐:程度高/程度低。通过比较,父辈玩的东西,基本不用花钱买,好多都是自己动手做的,但他们玩得很开心。学生的玩具更多、更高档,但快乐却变少了。两代人的童年游戏,之所以有如此大的差距,是因为时代和社会已经有了太多的改变。此学习过程加强了语文与生活的结合,深入社会,注重了学生的参与和体验,培养了学生主动探究的能力。

三、空间智能与语文综合性学习

空间智能是指准确感知视觉空间及周围一切事物,并且能把所感觉到的形象以图画的形式表现出来的能力。教师应该在语文综合性教学中培养学生的观察能力和空间想象能力,充分发展学生的形象思维能力,培养学生的再造想象能力,为学生创造想象的空间奠定良好的基础,从而为学生的听、说、读、写服务。利用空间智能可以使语文综合性学习活动丰富多彩、充满情趣。那么,空间智能与语文综合性学习相结合具体有哪些方法呢?

(一)绘画、设计

发展心理学家认为,儿童是图画比喻的大师,擅长用视觉图像来表达想法。在语文综合性学习中,绚丽多彩的画面,逼真生动的形象,色、彩、画的立体展示,能给学生留下深刻鲜明的直观印象,易于激发学生的兴趣,引起情感的共鸣。如在语文综合性学习主题"未来的桥"活动中,老师创设了适合学生发展的多种空间,有的学生用语言描述想象中的桥,有的学生画出各种各样的桥,有的学生设计制作了桥的模型并绘声绘色地向同学们介绍,有的学生则设计了有关桥的手抄报。学生在这样的学习活动中兴味盎然,语文能力得到全面发展。

(二)观察、想象

想象是学生在头脑中把抽象的内容变成具体形象的内容的一个过程。在语文综合性学习中,帮助学生把学习内容变成图画形象,让学生闭上眼睛想象他们正在学习的内容,学生才能理解。如在"关心地球妈妈"的综合性学习中,一部分学生找到了有关环保的漫画、图片,有《地球妈妈病了》,有《大森林的心病》,有《触目惊心的海洋世界》等,通过展示画面,学生进行观察、想象,引起思考,从而产生要为地球呐喊的愿望,也激发了学生的写作灵感。由此可见,在学生语文素养的形成和提高过程中,空间智能学习法功不可没。

(三)看影像

影像是视觉媒体,可以呈现给学生直观的画面和丰富的情境,能触发学生的情感因素。仍以"关心地球妈妈"为例,通过观看有关地球优美的风景、环境污染的影像,学生认识到地球真美丽和地球容易遭到破坏,从而产生很多想象的画面——"我要在地球上植很多很多树,到时候地球妈妈就会穿上漂亮的绿衣裳,哈,那真美""我要让所有的动物都在绿树妈妈的保护下快乐的生长"……在此基础上,鼓励学生搜集有关资料,对当地的环境进行调查,并以写人、记事、写表扬稿、写调查报告等多种形式表达自己的所思所感。由此,学生的空间智能、语言智能就自然而然地在这样的实践过程中得到充分的发展。

四、身体运动智能与语文综合性学习

身体运动智能是指运用整个身体或身体的一部分解决问题或制造产品的能力。语文综合性学习打破了封闭的课堂限制,为身体运动智能的运用提供了更广阔的空间,所以我们可以充分利用这项智能来提高学生的语言能力和实践能力。具体方法如下。

(一)肢体游戏法

兴趣是推动学生求知的动力,也是学生个性形成的引发点。只有激发学生的兴趣,才能使学生积极参与活动,自觉实践,发挥特长,激发潜能。游戏为学生创设了丰富而有趣的学习情境,赋予学生充分展示自我的机会。在游戏中,学生通过视觉、触觉、嗅觉、听觉等感官全身心地感受世界。他们学小鸟飞翔,学孔雀跳舞,给乌龟编故事,听音乐畅想未来。在语文综合性学习"积累词语"活动中,对于个别字词的理解,往往要借助肢体游戏、手势来完成。如带有数字的成语:

一本正经、二话不说、张牙舞爪、胸有成竹……学生一边利用肢体动作，一边用语言解说，记得又快又牢。再如，带有动物名称的成语：胆小如鼠、画蛇添足、守株待兔……学生带上动物头饰做游戏，在愉快的氛围中理解掌握了成语又运用了成语。

（二）动手操作法

动手操作法就是让学生学会"动手"，获取实践信息。小学生的认知特点具有相当的直观性，因此，在教学中教师应让学生多动手，主动参与学习研究的全过程。学生剪剪贴贴、拼拼画画是最常用的动手操作形式。如二年级语文上册第一单元的主要内容是学习秋天的美丽景色，为加深对本单元知识的理解，老师要求学生在课后发挥想象，巧手展示秋景。于是有的学生画画，有的学生拼画，有的学生剪纸，充分展示了秋天的美。学生在动手过程中也感受了秋天的景色美、丰收美、情趣美。

（三）表演体验法

表演体验法是一种以课堂教学为舞台、以课本内容为脚本、以学生主动创造为动力的综合性学习活动，可以促使学生在学习过程中较为充分地掌握知识、发展能力、形成体验、得到发展。对于一些故事情节比较强的文章，学生可以通过课本剧表演的形式，加深对课文内容的理解，丰富语言的积累。如学了《坐井观天》《我要的是葫芦》《小柳树和小枣树》等课文后，设计"我的课本剧"语文综合性学习活动，其基本操作程序为：想象、表演、体验。首先，学生将课文熟读成诵，对过去的经验和已有的记忆表象进行加工改造，构成新的意象和观念；其次，选择自己喜欢的课文做剧本准备表演，一般以小组为单位，在小组长的带领下确定角色，进行演练；最后，利用课外时间进行表演比赛，评选优胜小组。

五、音乐智能与语文综合性学习

教育研究者们发现，如果老师在组织活动时用背景音乐衬托，学生便可以更有效地记忆信息。教学中，教师可以充分利用学生喜欢音乐的天性和对音乐的敏感度组织教学活动，提高活动的情趣，增加活动的效率，增强活动的效果。多元智能理论认为，音乐是一种人人具有的智能，它不仅能让儿童的基本音乐能力得到发展，而且在培养创造力、自信心、合作能力、反应能力以及健全的人格发展方面都有不可替代的作用。那么，利用音乐智能进行语文综合性学习可以有哪些方法呢？

（一）音乐渲染

用适当的音乐作为背景渲染气氛、引出主题、渲染主题，就会使学生自然地进入理想的情景，从而收到意想不到的效果。例如，在语文综合性学习实践活动案例"关心地球妈妈"中,播放地球优美的风景图片,再加上老师的配乐描述,使学生很容易就随音乐进入所描述的情景。音乐悲则学生悲,忧伤的音乐很自然地让孩子们想到了满身疮痍的地球妈妈是多么需要大家的关怀,同时一个呼吁大家一起来关心地球的主题就在音乐的感染下被成功导入。利用音乐渲染、烘托气氛,会让学生更快融入学习的氛围中。

(二) 旧曲填词

一些教学活动中往往会有一些呆板的环节不适合学生的年龄特点,让大家接受起来有一定的难度,这时如果适当地加入音乐因素就能使枯燥的活动变得新鲜、活泼,既增添了活动的趣味,又丰富了活动的内容。在"拥有感恩的心"语文综合性学习活动过程中,鼓励学生给自己写的诗歌配上大家熟悉的歌曲的曲调,如《感恩的心》的曲子配上学生自己写的诗歌,效果就很不错。实践证明,这项活动很符合学生喜欢创新、善于创新的天性。因为利用的是大家熟知的曲子,所以创作难度变小,深受学生喜爱。

(三) 打击节拍

节奏感是指对音节、音律、语调有较好的感知和把握的能力。汉语是一种富有节奏感的语言,语气的轻重、语速的快慢、语调的升降都可以产生节奏感。整齐的句式、平仄相间的排列也可增强节奏感。在"成语集中营"语文综合性学习活动过程中,把成语用合适的节奏表现出来,就增加了成语的节奏感和韵律感,减少了记忆的难度,增加了学习的兴趣。例如,成语接龙"如释重负＋负荆请罪＋罪恶滔天＋天昏地暗＋暗箭伤人＋人定胜天……"用"×·×××"的节奏形式表现就增加了趣味性;历史故事成语集锦"围魏救赵(孙膑)、退避三舍(重耳)、毛遂自荐(毛遂)、负荆请罪(廉颇)、指鹿为马(赵高)"用"×·×××"的节奏形式表现就极富韵律感。学生打着节拍成语就容易读得熟、记得牢。

(四) 综合表演

表演是一种综合性实践活动,是培养学生能力的重要途径。它包括唱歌表演、口技表演、打节奏、歌伴舞等形式,可以促使学生在活动过程中学会合作、掌握知识、发展能力、形成体验、得到发展。有的学生天生一副好嗓子,很喜欢在引吭高歌中完成自己的学习任务,那就要充分挖掘他的潜力,给他创造展示歌喉的机会。如在语文综合性学习实践活动"传统节日"展示成果时,学生表演了歌曲《卖汤圆》《八月十五月儿圆》,演奏了乐曲《喜洋洋》,诵读了自己创编的诗歌《忆屈原》,表演了新编山东快板《网虫的大年夜》,既引起了学生情感上的共鸣,又巩固了学生的知识。实践使我们认识到,将综合表演这种直观、生动的形式用于综合性活动,既顺应了语文学科性质的要求,也符合学生的认知特点,从而能达到优化学习过程的目的。

音乐智能法对语文综合性活动的开展具有较好的辅助效果。老师应利用语文学科综合性强和语文教学目标多元化的特点，发挥音乐智能在教学中的作用，使"人人有才，人无全才，扬长避短，人人成才"的教育理念成为现实。

六、人际交往智能与语文综合性学习

《语文课程标准》提出："综合性学习应强调合作精神，注意培养学生策划、组织、协调和实施的能力。"而这些素质和相关能力正是人际交往智能的内容。因此，挖掘学生的人际交往智能可以更好地开展综合性学习活动。那么，利用人际交往智能进行综合性学习有哪些方法呢？

（一）合作学习

合作学习是指在由异质的学生组成的小组中，根据一定的学习目标，通过共同的学习活动，使小组每个成员达到目标。有人说，许多年来，我们一直失败的一件事情，就是让孩子们安静地坐在桌子边，而不让他们合作做一件事。采用合作学习方式，有利于培养学生的交际能力，让学生学会交往、学会参与、学会倾听、学会尊重他人。例如，根据人教版小学《语文》第二册第四组课文，老师设计了题为"走近动物"的综合性学习活动，活动程序为："看动物"，学生根据自己的兴趣去观察小动物，如小鱼、小鸡、小鸭、小狗、小兔、小猫、小牛、小马、蚂蚁、燕子、麻雀、蜻蜓、蝴蝶、蜜蜂、蜘蛛；"分动物"，收集各种动物图片，相互交流动物的外形特点及生活习性，并给各种动物分类，如昆虫类、家禽类、家畜类、鸟类、鱼类，以让大家进一步了解动物；"画动物"，抓住动物的特点画一画自己喜欢的动物，与别人分享，大家一起讨论评价。此活动极大地调动了学生的参与意识，培养了学生动手动脑的能力。

（二）群体游戏法

群体游戏即群体参加的游戏。这种游戏，可以使学生感受到集体力量碰撞迸发出的火花。爱因斯坦说："如果把学生的热情激发出来，那么学校所规定的功课就会被当作一种礼物来领受。"群体游戏可以激发学生的热情，提高学习的积极性。比如，人教版小学《语文》低年级的识字量较以前有了很大的提高，教师仅凭课堂几十分钟是很难完成教学任务的，而适当利用群体游戏法就可以大大提高教学效率。在教学中我们曾进行过题为"我识字，我快乐"的语文综合性学习活动。其中有一个环节是这样的：首先，将班内同学分组，有一定组织能力的同学担任小组长，他们的任务是收集各位组员的生字卡（这些生字来自课文、报纸、杂志、商品包装盒、街道标牌、电视节目等）。其次，小组长组织成员认读识字卡上的生字，并在本组内练习找朋友："说说我是谁"——读出这个字音，"我的朋

友又是谁"——组一个词。组一个词就算找到了一个朋友。然后,小组成员持生字卡到其他组去找朋友,每找到一个朋友就给两个小组各加一分,找不到就给出字方加一分。最后,小组长每周统计一次分数,得分多的小组为胜。此游戏调动了学生识字的积极性,既使学生的人际交往智能得以充分提高,又培养了学生的识字组词能力,还提高了学生识字的兴趣。

(三) 社交聚会法

"授人以鱼,不如授人以渔。"教师要教学生学会如何通过与人交往来提高自己的处事能力。例如,根据人教版小学《语文》第二册第二组课文,老师设计了题为"我替父母分忧愁"的语文综合性学习活动。首先,让孩子注意观察父母下班后在家做什么,体会父母的忙碌;找机会陪爸爸妈妈上班,观察父母工作的情景,体会父母的辛苦。然后,结合本组课文内容,和同学交流自己的所见、所想以及自己今后打算如何孝敬父母。此活动不但为学生提供了表达、交流的机会,也让孩子懂得应关心父母、承担家庭责任。

(四) 社区参与法

社区参与法,即通过参与社区活动达到增长知识、开阔视野的目的。"世事洞明皆学问,人情练达即文章。"生活是语文学习的源泉。陶行知先生认为,生活即教育。因此,让学生到生活中去体验是很好的学习方式。例如,根据人教版小学《语文》第二册第三组课文,老师设计了"美丽家乡"综合性学习活动。找一找——让学生注意观察自己周围的卫生状况,找找身边的"失物"是什么;说一说——让学生同伙伴说说"失物"是从哪里来的,还发现了哪些不文明现象;提一提——学生向家长、老师、居委会提出合理化建议,为创建"美丽家乡"做贡献。此活动不仅锻炼了学生与人交流的能力,更切实提高了学生的环保意识。

七、自然观察智能与语文综合性学习

自然观察智能的本质是人对周围世界(包括自然环境和人文环境)进行观察、识别、分类、联结、综合、条理化等的能力。在社会中生存,人类需要具备观察、感知、形成和验证假设及沟通的能力。在语文综合性学习过程中,可以通过自然观察智能提升学生的语文素养,发展学生的实践和探究能力。那么,通过自然观察智能进行语文综合性学习有哪些方法呢?

(一) 观察

观察是形成认识的基础。观察是表达的前提,只有经过认真观察,把握事物的特点,才能形成认识,在认识的基础上才能进行口头或书面表达。在使用这种方法时需要注意,观察是为了对事物形成比较全面的认识,并不只依赖视觉。加德纳认为,盲人通过触觉也可以分辨物种和人造产品,也有人通过声音区分物种

和人造产品的差异。所以我们要引导学生通过多种感官从不同角度来"观察"周围环境。例如,在"我和春天有个约会"语文综合性学习中可以通过以下问题引导学生去观察:从不同的距离和角度出发,你看到了什么?你听到了什么?你闻到了什么?你有什么感觉?经过有意识的多侧面观察,学生对春天就有了比较丰富的感性认识,在用书面或口头表达的时候就不愁无话可说了。

(二)制作收藏品

这是一种通过动手做,引导学生进行分类、培养学生对自然和人为现象近距离观察的好方法。在"走进诗词王国"语文综合性学习中,让学生收集喜欢的古诗词并在理解、分析的基础上进行分类整理。学生提出了很多分类标准,有的学生根据内容将其分山水类、日月类、花鸟类等,有的学生根据表达情感的不同将其分为爱国忧民类、思乡离别类、友谊爱情类等。这些分类不一定非常严格标准,但是可以促进学生对诗词的理解以及知识的系统化。

八、内省智能与语文综合性学习

内省智能主要表现为能正确判断和评价自己的言语、行为、情绪、动机的一个认识过程,根据这些表现来提高自己的自尊、自律、自爱的能力。教师应利用内省智能来开展语文综合性教学,以促进学生语文素养的全面提高,同时也可以通过恰当的教育方法来促进学生内省智能的发展。具体有以下方法。

(一)明确目标定位

明确目标定位,即根据目标制订出活动的计划,按部就班地进行。这属于自我认识、自我规划的范畴。对自我的认识,可以在每节课上体现,也可以综合进行。在认识自我的基础上,合理地规划自己的目标,是内省智能的表现。例如,在学期初,列出自己一学期的目标、一个星期的目标、一天的目标、一节课的目标等。在课堂上,让学生明确自己学习的目标,是一种经常使用的教学方法,有助于有的放矢、有条不紊地开展教学。

(二)写反思日记

反思是学习过程中的重要环节。不仅要反思学习了什么,而且要反思学习的过程和方法,这是学生提高元认知能力的重要方法。一般来说,学生对学习的结果有印象,能说出来,而对学习的过程往往说不出来,因为过程属于内隐、潜在的东西。如果学生能够深入内隐的层次去反思,其反思能力就会有很大的提高,而且会达到自我调节的效果。写反思日记或者反思周记就是反思学习过程的重要方法。教师可引导学生通过写日记和周记来反思自己的学习过程,从而查漏补缺,扬长避短,积累经验,提高语文综合素质。例如,开展"认识自己"语文综合性学习过程中,一位学生写了如下日记,从中我们可以看到他对自己复习过程的反思:"明天就要期中考试了,我很紧张。想起老师说过,只要平时认真学习了你肯定会考好的。可是,我还是不放心。就把老师领着我们复习的内容再看一遍吧。我先写了写生字表中易出错的字,又读了一遍重点课文,做了一遍《语文天地》,最后看了看作文和老师的批语。我相信这次我一定能考好,可以睡个安稳觉了。补:今天试卷终于发下来了,我考了95分,真是功夫不负有心人呀!"

总之,通过写日记和周记,学生学会总结经验教训,以在今后的学习中少走弯路。

(三) 综合改错

俗话说,在同一个地方要避免摔倒两次。综合改错是避免出现类似问题的不错的方法。每位学生应自制改错本,专门用来记录学习过程中出现的错误,并针对性地做相关的练习题,防止以后再出现类似的错误。如在开展"交朋友"语文综合性学习过程中,针对"辩解"的"辩"字,学生在改错本上进行了系统的整理,先是给这个字组尽可能多的词语,"辩论""争辩"……然后找出形近字(瓣、辫)和同音字(辨、辫、鞭)并且分别组词造句,甚至编儿歌或者顺口溜加强记忆。"辩解,辩论用语言;扎个辫子用丝线;辨别起来最费心;扬起鞭子闹革命;辛勤种瓜有收获,两手一掰就分开。"此活动既加深了学生的理解,又把枯燥的反复改错变成了创作表达的乐趣。

(四) 说出体验

说出体验即引导学生把学到的知识和自己的体验说出来。比如,三年级学生在开展"可爱的生灵"语文综合性学习实践活动中,在学习例文的基础上,知道了"小虾"的生活习性和养虾的乐趣。实际上,学生都有养宠物的经历,可以把自己的感受说出来了,在班内进行交流。这不仅满足了学生表达自己想法的需要,培养了其语言表达能力、倾听的能力、观察的能力,也提高了学生的语文综合素养。

(五) 自我评价

自我评价即学生利用自我认识的发展,采用一系列方法来客观地评价自己的方法。比如,在"我的小档案"语文综合性学习活动中,学生写出10个"我是什么样的"句子,用尽可能多的词汇列出自己的优点、缺点,列出自己的10项兴趣,说出自己的5个顶峰体验。为让每个孩子都有自我评价的机会,我们可以采取"档案袋"的办法。一个任务完成后,让学生自我分析一下,从各个方面对自己进行反思,在反思中学会管理自己的学习,真正地将"学会学习"落到实处。

语文综合性学习的综合性特点,决定了学习方法的多样性。要实现综合性学习多元化的目标,必须综合运用多种方法。

第二节 多元智能语文综合性学习的实施过程及策略

作为一种全新的学习方式,语文综合性学习应突出学生的自主性,主要由学生自行设计和组织活动,但这并不等于学生喜欢怎样做就怎样做。因为小学生的认识能力、组织能力等各方面尚不成熟,需要老师的组织和引领。可以说,综合性学习的实施过程就是老师在综合性学习中有效指导的过程。

语文综合性学习一般分为四个阶段:活动准备阶段、活动启动阶段、实践体验阶段、展示交流阶段。在活动的每个阶段,教师应怎样指导才能突出学生的自主性,让学生主动积极地参与其中呢? 本节就语文综合性学习的四个阶段,具体阐述了教师的有效指导策略。

一、活动准备阶段

(一) 研究学生,了解学情

多元智能理论指出,人至少有八种相对独立的智能,每个学生都有自己的优势智能领域,而不同智能、不同形式的组合形成了学生之间的差异。

第一,研究学生的不同需要。学生需要掌握哪些基础知识和基本技能、需要形成怎样的情感态度和价值观,需要老师从社会对人的要求出发、从学生自身发展出发去考虑,以针对性地满足学生的需要。

第二,研究学生不同的智能状况。学生普遍的智能优势和弱势是什么、每个学生的智能强项和弱项是什么,对此老师必须心中有数。这样老师就可以根据学生不同的智能状况安排活动的任务,增强其针对性。例如,语言智能强的学生可以承担调查采访、汇报总结的任务,数学—逻辑智能强的学生可以进行数据的统计、分析和对比,人际交往智能强的学生可以组织小组合作学习、交流讨论。

第三,研究学生已有的知识基础。教师应了解学生已经知道了哪些知识、能自主开展哪些活动,从而帮助学生确定活动的主题以及活动应该采取的方式。

(二) 选择和确定活动的主题

在教学活动中,老师应结合学生具有的不同智能优势、年龄特点、认识能力、兴趣爱好选定综合性学习的主题。研究与选定学习主题,要注意以下三个方面。

第一,从教材中确定主题。

首先,以课文内容为立足点挖掘综合性学习主题。如文质兼美的名家名篇是引导学生了解语文知识、感受语言魅力的典范,可以引导学生从这一系列课文延伸出去。如学了老舍先生的《风》《草原》《林海》《养花》后,引导学生确定学习主题"走近老舍先生",去了解老舍先生的生平,去赏析老舍文章的精彩片段,去做阅读摘记,去写读后感等。

其次,课本"思考练习"中的选做题也可以作为综合性学习的主题。如小学《语文》第12册第一课《卜算子咏梅》"思考练习"中的选做题"读读毛泽东主席的其他诗词,有条件的可以利用课外活动时间组织一次毛泽东诗词朗诵、演唱会",就是一项很好的语文综合性学习的内容。

另外,每一册《语文》(人教版)教材都安排了两次综合实践活动,这也可以作为综合性学习的主题。

第二,与学生兴趣相结合。

兴趣是学生最好的老师,如果学生选择自己感兴趣的问题积极开展研究,就能取得较好的效果。在一段时间内,学生热衷于读杨红樱的《假小子戴安》《五·三班的坏小子》等小说,就干脆让学生围绕所喜爱的书籍展开综合性学习,以主题为引导开展综合性学习,让学生由单纯的故事情节阅读转入深层次的现实性阅读,由热衷于流行小说转化为对中国传统文化的探究。再如,学生特别喜欢童话故事,老师可引导学生开展"我喜爱的童话故事"为主题的学习活动,让学生讲故事、演故事、编故事。依据学生兴趣确定的综合性学习活动,学生会以积极主动的态度参与其中,能发挥他们的智能优势。

第三,从社会生活资源中开发主题。

自然风光、文物古迹、风俗民情、节气时令等都可以成为语文综合性学习的主题。例如,寒假前夕,结合我国的传统节日,设计以"春节"为主题的综合性学习活动。结合学生的智能强项,确定多项活动专题,如以语言智能为主的"了解春节"专题,学生可以通过调查访问、查找搜集资料等途径了解有关春节的传统习俗;再如以身体运动智能和音乐智能为主的"春节联欢"专题,学生可以通过编排表演节目,感受春节带给人们的祥和与快乐。

总之,活动主题的研究,既要考虑活动类型的多样性,又要考虑活动内容的综合性。我们还要结合学生的年龄特点、认知能力开发活动内容,针对不同年级安排不同的活动。教师要根据当时、当地的实际情况,充分开发和利用各种语文教育资源,创造性地组织丰富多彩的语文实践活动。

(三)研制综合性学习活动方案

综合性学习活动方案一般包括活动名称、活动实施者、活动指导者、活动时间、活动目标、活动实施步骤、预期成果、表现形式、活动方法的设计及展示情景的设计等。

第一,活动目标的设计,既要包括学生多元智能目标,又要设计使学生真正理解并学以致用的目标,即使学生的语文素养全面提高。

语文综合性学习以活动为中心的特点决定了目标设计要多元,但要以语言智能为核心。通过综合性学习,发展学生的语文能力,是提高学生解决问题能力的重要途径。

第二,活动方法的设计,应该考虑如何发挥学生的智能强项,运用多元智能发现问题、解决问题。有关多元智能综合性学习方法现概括如下。

(1) 语言智能学习法,即运用听、说、读、写等手段培养学生的语言智能。具体形式有讲故事、写日记、开辩论会、办小报等。

(2) 空间智能学习法,是运用视觉空间智能理解并掌握知识的方法。具体形式有画画、想象知识网络图、设计黑板报等。

(3) 音乐智能学习法,是学生运用音乐智能进行综合性学习的方法。具体形式有欣赏与活动内容有关的音乐、播放有助于专题活动进行的音乐、把活动的内容编成诗歌或歌谣等。

(4) 身体运动学习法,是学生运用身体运动智能进行综合性学习的方法。具体形式有演课本剧、扮演或模仿角色、用舞蹈表达、郊游、收集身边的资料等。

(5) 人际交往学习法,是学生运用人际交往智能进行综合性学习的方法。具体形式有问题讨论、采访、参观调查、合作学习等。

(6) 内省智能学习法,是指学生通过自我反思参与综合性学习的方法。具体形式有反思学习过程、说出自己的体验、认识自我、规划自我等。

多元智能学习的方法很多,在不同的综合性学习主题中,各种方法不一定都使用,但是,老师应尽可能帮助学生选择适合自己智能强项的活动,充分发挥其智能优势,这样才能更好地达到综合性学习的目的。

第三,学习成果展示的设计,既要体现与活动目标的联系,创设多元展示情景,又要通过交流展示发展学生的智能强项,弥补智能弱项。

虽然每个学生的智能类型和特点各不相同,但一般来说在其智能结构中总存在着相对占优势的智能。学习成果展示设计的目的是使每个学生都可以选择突出其智能结构和特点的方式进行展示,这就要求教师创设有利于激发学生兴趣与潜能的多元智能环境,创设和谐、民主、平等的学习氛围,善于针对学生智能结构中的优势智能设计相应的展示活动,使每一个学生的智能强项得到充分发展,也使得每一个学生都能树立起自信心。

除以上内容以外,针对不同的综合性学习主题,设计的内容可能还包括活动开展的步骤或过程、任务分工及具体要求、相关条件与保障等。综合性学习活动方案见表1。

表1　综合性学习活动方案举例(宋秋红)

<table>
<tr><td rowspan="6">准备阶段</td><td>活动名称</td><td colspan="2">感恩无价　爱心永恒</td></tr>
<tr><td>活动实施者</td><td colspan="2">六年级一班全体师生</td></tr>
<tr><td>活动指导者</td><td colspan="2">老师、家长</td></tr>
<tr><td>活动时间</td><td colspan="2">2006 年 6 月至 2007 年 6 月</td></tr>
<tr><td>活动目标</td><td colspan="2">(1) 通过开展"感恩"综合性学习活动,让学生对"感恩"一词有深刻了解,学会感恩:懂得孝敬父母,懂得尊敬师长,懂得关心、帮助他人,懂得发奋学习、珍爱自己,懂得热爱大自然。
(2) 引导学生在日常生活中怀着"感恩"的心做力所能及的事。
(3) 利用多元智能,培养学生的口语表达能力、动手实践能力,促进语文素养的提高</td></tr>
<tr><td>活动准备</td><td colspan="2">(1) 事先设计好调查问卷。
(2) 收集以"感恩"为主题的资料。
(3) 师生做好活动计划</td></tr>
<tr><td>启动阶段</td><td colspan="3">(1) 利用领导讲话、黑板报、广播、橱窗等全方位进行感恩宣传教育。
(2) 宣读《感恩教育倡议书》,全校师生举行签字仪式</td></tr>
<tr><td rowspan="6">实施阶段</td><td colspan="2">召开主题队会、讨论会,利用学生的人际交往智能,发展学生的语言能力</td><td>(1) 小组讨论什么是"感恩",派代表讲感恩故事。
(2) 说说"你想对谁感恩? 想怎么做?",完成爱心作业</td></tr>
<tr><td colspan="2">出一期手抄报、做一张感恩卡,利用学生空间智能完成任务</td><td>(1) 回忆成长历程中对自己有帮助的人和事,讲给大家听。
(2) 制作卡片,写上心里话并送给感恩的对象。
(3) 组织学生以小组为单位查找资料,完成以"感恩"为主题的手抄报,使学生空间智能得以发展</td></tr>
<tr><td colspan="2">学唱一首感恩为主题的歌,利用学生的音乐智能,促进其对感恩的理解</td><td>(1) 欣赏歌曲《感恩的心》,了解歌曲的创作背景。
(2) 深情学唱歌曲</td></tr>
<tr><td colspan="2">读、讲有关感恩的故事,写感恩为主题的日记、作文和书信,提高学生的听、说、读、写能力,使其语言智能得以发展</td><td>(1) 讲一个感恩为主题的故事,组织故事演讲比赛。
(2) 写感恩为主题的日记、作文和书信,并交流感受</td></tr>
<tr><td colspan="2">参加一次感恩活动,培养学生的人际交往智能,并促进其情感升华</td><td>中队长提出倡议,号召全体少先队员怀着感恩的心,参加一次感恩活动</td></tr>
<tr><td colspan="2">进行一次问卷调查</td><td>(1) 对学生:主要调查开展感恩活动的收获。
(2) 对家长:主要调查开展感恩活动后学生在各方面的变化以及是否学会在生活中感恩</td></tr>
<tr><td>成果展示</td><td colspan="3">以小组为单位,利用不同的形式展示小组活动成果,可以介绍搜集的资料,可以展示卡片、手抄报、日记、作文、书信;可以朗诵、表演,可以绘画、歌唱,等等</td></tr>
</table>

二、活动启动阶段

活动启动就是对活动主题进行理解和分解,将问题情景与已有的知识基础或认知结构联系起来。也就是说,学生在教师的指导下,从多个角度思考、分析问题,了解解决问题或研究课题的途径和线索,建立综合性学习小组,讨论具体研究思路和措施。为此,教师可提供适当的知识背景,激活学生原有的知识储备,激发他们的学习兴趣,诱发他们的探究动机。

教师是学生综合活动的指导者和合作伙伴

高士梅

学完人教版小学《语文》第二册第三单元课文后,我设计了"美丽家乡"综合性学习活动。几天后,我检查学生的完成情况,可他们却沉默不语。我忽然意识到:对于一年级的小学生来说,仅凭积极参与的兴趣还不够,他们对参与活动的目的不够明确,不知道从何处入手。而我似乎没有给学生过多的指导,更没有及时地了解学生的动态,仅凭他们积极的参与热情就把问题抛给了他们,的确让一年级的孩子无所适从啊!有了主题,该如何开展活动?经过自我反思后,我决定调整实施方案。在一节综合活动课上,我给学生讲家乡的历史,讲几年前家乡破旧的平房、坑洼不平的马路、狭窄的街道以及落后的交通工具。我又和学生进行交流:"你觉得现在我们的家乡美在哪里?想不想把家乡的美丽介绍给别人呢?你准备用什么方式来介绍?"此时,孩子们活跃起来,"小画家"苟锐涵抢先说:"我要把家乡的今天和昨天画下来,让别人看到家乡的变化。""快嘴"杨静蕾说:"我要把家乡的高楼大厦和整洁的街道拍下来,去参加少儿 DV 大赛,肯定能拿冠军。"就连最文静的张诗雨也轻声说:"我要搜集描写家乡的文章读一读。"……我惊喜地发现,学生的积极性被调动起来了,他们的智能强项被挖掘出来了。

三、实践体验阶段

这是综合性学习的关键阶段。实践体验的内容主要包括为解决问题收集、筛选信息资料,寻找解决问题的具体方法并实施,小组成员合作,开展各种形式的人际交往、沟通活动等。此阶段是有组织、有目标的教学活动,是调动各方面因素的活动过程,也是学生情感、态度、价值观得到提升的过程,离不开教师的组织、督导和监控。

(一)引导学生全员参与

全员参与是综合性学习的一大特征,不同于兴趣小组的自由组合、完全自愿。开展综合性学习就是让每个学生都有参与的机会,都有施展自己才能的空间。部分学生动口、动手与策划组织能力较弱,兴趣单一,不爱参加集体活动,即便勉强参加,在合作小组中也缩手缩脚,找不到自己的位置。对于这部分学生,教师要给予特别的关注,从交给他一个简单的、能胜任的任务开始,逐步放手,并及时对他所做出的努力给予充分肯定。对家庭环境和条件较差的学生,教师要善待,要给予特殊的关爱、真诚的理解和热情的帮助。另外,在组织实施综合性学习活动中,教师要充分发挥学生的自主性、创造性,鼓励学生根据不同的学习需求、不同的兴趣爱好、不同的智能优势、不同的发展潜能来开展活动。苏霍姆林斯基说:"最大限度地发展每个学生的天赋……这不是片面发展,而是全面发展的重要源泉。"比如,有的学生语言智能和人际交往智能强,那就让他多参与活动的组织策划;有的学生音乐与运动智能强,那就多让他表演;有的同学数理逻辑智能强,那就让他多参加一些探究性的活动……

激发学生参与的欲望

范淑兰

兴趣,是人们积极探究事物或从事某种活动的意识倾向。"兴趣是最好的老师",学生对自己感兴趣的东西,会表现出高昂的情绪,形成学习的内驱力,会主动积极探求知识。著名物理学家杨振宁说:"成功的真正秘诀是兴趣。"因此,在综合性学习活动中,教师要努力为学生创设合适的教学情境,为学生积极思维创造条件,引起学生的兴趣,吸引学生,让学生产生探究的欲望,以激发他们主动参与的积极性。在"家乡的特产——阳信鸭梨"实践活动过程时,我采用猜谜语的方法引入。"今天,老师请同学们猜一个谜语,看谁最聪明。"一听说要猜谜语,学生都兴奋雀跃,表现出极大的兴趣,注意力一下都集中了。"一种水果,肉质细嫩,皮薄核小,个大无渣。削开皮,就会看见淡黄色的果肉,一尝,脆生生,甜津津。"谜语一出,学生各抒己见,说法不一,气氛一下子活跃起来。这时,我抓住时机,拿出一个大大的鸭梨,说:"同学们,我们都知道阳信的鸭梨历史悠久。人们常说,'天天吃梨,身体舒畅'。驰名中外的阳信鸭梨,要想进一步了解它,必须进行深入探讨与研究。同学们,你们想当一回鸭梨博士吗?"随后,我把这一课题划分为阳信鸭梨甲天下、鸭梨健康快线、鸭梨的相关产品、阳信鸭梨在发展过程中存在的问题五大板块,让学生根据自己的智能特点选择某一板块自愿结成小组,开展探究活动。

(二) 组织学生有效合作

小组合作是语文综合性学习的基本组织形式。老师要依据学生的兴趣、特长、能力等合理划分活动小组。由于学生习惯于课堂学习,面对新的群体和情境,往往不知所措。在这种情况下,老师要严密组织,明确分工,指导学生明确目标、任务和职责。老师要特别注意对学生进行心理疏导,激励学生大胆探索,求异创新,同时对学生进行挫折教育、意志品质教育,培养学生的策划、组织、协调和实施能力。

学会合理分工

程玉清

学生的智能强项不同,教师可通过课本剧表演的方式,引导学生认识到人各有所长,能够在活动中发展自己的智能强项、弥补自己的弱势智能。课文中的角色,有人适合演 A 角色,有人适合演 B 角色,老师应引导学生学会分工。比如学完了课文《四季的脚步》后,教师引导学生设计了"我喜爱的四季"主题学习活动,小组内角色分工时,如果让娇小的淑女去演"大肚一挺"的雪人,学生肯定会感到演得不像,应该抓住学生的这种感觉——不像,引导他们对四季代表物的扮演者进行调整,使他们演得像,指导学生进行初步自觉的分工。

(三) 适时进行方法指导

在活动实施过程中,教师要根据新情况、新问题,不断对实施方案进行微调。随着学习与研究的深入,教师要帮助学生进行方案的完善、手段的更新和思路的拓展,培养学生发现问题、分析问题、解决问题的能力;同时应指导学生学会发掘和利用身边的学习资源进行综合思考和整合研究,培养学生搜集和处理信息的能力。

如何指导学生处理信息

张红梅

由于学生搜集的原始信息往往存在着繁杂、无序、分类不清等问题,因此,我们必须指导学生采用科学的方法对原始信息进行加工处理。指导他们在信息加工时要抓紧时间,争取在最短的时间内把信息加工好,以最大限度地发挥信息的效能。经过加工的信息还要通俗易懂,使别人看了能明白。如在"成长的故事"综合性学习活动中,我是这样具体指导学生处理信息的:

第一,学会浏览。查到资料后,用较快的速度读,达到一目一句或一目一行,甚至一目数行。

第二,找出有价值的资料。俄国哲学家别林斯基说:"我们必须学会这样一种本领,选择最有价值、最适合自己需要的读物。"这句话完全适合于信息的收集工作。哪些资料有价值呢?例如,关于名人、伟人的资料很多,要选取关于他们成长方面有一定影响的故事,如毛泽东小时候不顾自家而帮阿婆收谷子的故事、贝多芬在失明后仍顽强创作命运交响曲的故事。

第三,分类、归纳整理。找到重点资料后,先进行简单分类:或按人物类型,分为伟人、名人、亲人、小伙伴、自己的成长故事;或按年龄,分为成年人、同龄人的成长故事……然后经过勾画、摘抄、下载、剪贴、复印等方法变为自己的资料,可以做成卡片夹在课本中,也可以做成资料集(教师点拨指导资料集的封面、目录及内容要求)。

第四,交流共享。

课堂交流时,要大胆发言,别人说过的不要重复;另外,要专心聆听别人的发言,并适当地做笔记。

在活动过程中,老师一方面要充分利用课文这一载体,让学生了解别人的成长故事,体会课文表达的思想感情,另一方面要及时将学生引向课外,让学生通过阅读、写信等多种渠道了解更多成年人或同龄人的成长故事,思考自己成长过程中的问题,同时分组用自己喜欢的方式整理这些成长的故事。

(四)适时进行价值引导

语文综合性学习不同于科学研究,所追求的不是发现、发明、创新,而是通过语文综合性学习培养学生正确的价值观、科学态度、探索兴趣、社会责任感以及对祖国语言文字、文明文化的热爱情感等。教师要引导学生在语文综合性学习中关注体验和感悟,关注综合性学习过程中自主、合作、探究学习方式的使用,而不是一味追求所谓的"成功"和"结果",要让学生在活动中实现自我教育,获得全面发展。

走近学生,了解学生动向

文玉燕

在"走近三国"语文综合性学习中,我发现学生经常这样谈论:你知道杨修之死吗?你知道空城计吗?……看似学生讨论得很热烈,但其实已经偏离了语文综合性学习的主题。我们不是为了读书而读书,而是在品味语言文字的过程中,获得语感、美感和情感,从而使自己的语文素养得到提高。针对此种情况,我以曹操为例,抓住《赤壁之战》《草船借箭》中描写他的语句,引导学生阅读品味,发表自己的见解。

语文综合性学习是让学生通过各种形式品味、观察、感悟人生。教师应把握语文学习的方向,使学生的语文素养得到提高。

四、展示交流阶段

在这一阶段,学生将在独立探究或小组合作中所得到的学习收获进行整理、加工和发表。成果发表的形式应多种多样,学生可以根据自己的智能强项选择呈现方式,教师要创设适于展示的多元智能环境,发挥评价的作用,让学生全面充分地展示学习成果、分享学习收获。

(一)创设适于展示的多元智能环境

第一,激发学生展示的热情。语文综合性学习成果的汇报一般在课堂上进行,40分钟的课堂,怎样使学生智慧的火花在此激发?首先应激发学生汇报的兴趣,使每一个学生都有汇报的愿望。这就要求教师要进行很好的导入,可以用情绪带动学生,用语言将学生的激情调动起来;也可以用实物、音乐、图片等营造气氛,激起学生的兴趣,激发学生的展示激情。

第二,用现代信息技术提供有利于学生多元智能发展的智能环境。在语文教学中,充分利用信息技术将涉及的事物、情景再现于课堂,可调动学生的多种感官,激发学生的学习兴趣,会使课堂教学效果达到更佳。

第三,创设各种活动情境,促进学生多元智能发展。体验成功是每个学生的共同愿望,因此在语文教学中,教师应为每个学生提供自我表现、自我塑造的机会,让处于不同水平、不同层次的学生都有崭露头角、体验成功的机会。为此,可以发挥学生团体的力量,让学生自愿组成不同的小组,进行朗诵、唱歌、讲故事、画画、写作、表演课本剧、设计手抄报等活动。

(二)运用多种方式展示活动成果

虽然每个学生的智能特点各不相同,但一般来说在其智能结构中存在相对占优势的智能。我们的教学,就是要使每个学生都可以选择适合其智能结构和特点的学习方式进行学习,在学生的优势智能得以充分发挥的同时,带动其弱势智能的发展。这就要求教师要善于针对不同智能的特点,设计相应的展示活动引入课堂教学,使每一个学生的强项智能得到充分发展,也使得每一个学生的弱势智能有相应提高。

(三)发挥评价的功能,提高学生学习的积极性

评价是对学生最好的奖励,也是激励学生对学习产生兴趣的持久方法。恰当的评价,可以使学生从中获得信心,也可以使学生吸取教训。

第一,学生评价。在小组或个体进行汇报时,可邀请其他学生当评委,一是可增加其他学生的责任心,吸引他们的注意力;二是可发展学生的口语交际能力。例如,在"寻找春天"综合性学习成果展示时,张晓旭作为小组代表拿着自己创作的画来到讲台前,教室里发出一阵哄笑。从感官上来看,这幅画与同学们评出的满分之作的确相差甚远。小评委们嚷开了:"春天树木的枝叶不那样茂盛,70分。""颜色搭配也不好看,60分。""画得太小太乱了,60分。"再看看张晓旭同学,面对毫不留情的点评,他一脸的羞愧:"老师,我……"其实,我早就看出来,这幅画张晓旭是动了一番脑筋的,画面虽不美,但却把春天的特征画出来了。"同学们,让我们先听听张晓旭同学的创作意图再打分好吗?""行!""我,我,我画的确实是我自己看到的景象,我家院子里有一棵杏树,到了每年的3月份,它的枝叶就是像我画的一样特别茂盛。"开始时张晓旭还有点紧张,看到同学们不停地点头称是,他的底气渐渐足了,越说越流畅。听了张晓旭的发言,一个同学站起来说:"我觉得应该再给他加 20 分,得 80 分。""大家同意吗?""同意!"异口同声的回答,让张晓旭的小脸上露出了笑意,我在他的画稿上打了"60＋20＋20＝100"的分数,这时,不但张晓旭感到吃惊,全班同学也都发出了一声长长的"啊"。"画面不够美观,得 60 分;构思新颖、有创新精神,加 20 分;敢发表自己的见解且语言流畅、有条有理,加 20 分。"教室里顿时爆发出热烈的掌声。

第二,教师评价。学生的强、弱势智能领域不尽相同,教师要抓住学生的闪光点,用鼓励性的语言评价学生的天性和行为表现,要让学生坚信"天生我才必有用"。教师要用微笑和爱鼓励学生,在他们心中播撒自信的种子,让他们感受到被欣赏的幸福,从而在敢说、敢问、敢批评、敢质疑,也敢自我反省的良好心理环境中全面发展。例如,"寻找春天"案例中当张晓旭的画被同学给出"画得太小太乱了,60 分"这样的评价时,他一脸的羞愧和不满。张晓旭非但得不到同学的赞赏,反而被取笑,自尊心大伤。而在这个节骨眼上,教师的一句"同学们,让我们先听听张晓旭同学的创作意图再打分好吗?"既尊重了学生的独特见解、尊重了学生的人格,又发现了学生的学习特点并加以引导和发展,成为课堂中的"点睛之笔"。张晓旭也体会到教师对他的关注和期望,体会到了成功的喜悦,树立了信心。

多元智能理论在语文综合性学习活动中的运用,使我们更能正确地看待每一个学生。正所谓"天下没有相同的两片树叶",每个人都是一个独特的个体,每个人都有自己独特的潜能。多元智能理论让我们更深刻地理解了"每个孩子都是一个潜在的天才儿童"的含义。只要能找到适合孩子的表达方式,发展他们的强项智能,弥补他们的弱项智能,使每一个孩子的潜能都得到开发、语文素养都得到提高,相信每一个孩子都能展示自己的丰采。

"'融爱'理念下小学主题式综合课程试点实验研究"结题报告

[摘要]为扎实推进滨州市基础教育综合改革、着力提升教育教学质量,我校于 2016 年 6 月积极申请并成为滨州市教育实验项目小学主题式综合课题的试点学校之一。我校积极开展该项目的验证性实验工作,多次参与该项目的成果汇报会,积极向核心学校请教、学习。在前期核心学校探索实验的基础上,我校从实际出发,于 2016 年 9 月开展聚焦学生"融爱"培养目标,构建学校"融爱"课程体系、探索"融爱"课堂教学模式及评价,搭建教师"融爱"专业发展实验,于 2017 年 1 月完成学校主题课程体系构建,2017 年至 2018 年进行课堂教学实践探索。"融爱"理念下小学主题式综合课题实践让国家课程聚焦目标实现,简约高效;弥补了我校校本必修课程的薄弱之处,避免了校本选修课程的盲目性、无序性和无限扩大化。该项目转变了学校的课程理念,提高了教师的课程整合能力,减轻了学生的负担,促进了学生的全面发展,带动了家校互动。

一、问题提出

(一)研究目的

滨州市在 2013 年 3 月启动了"滨州市小学课程优化和整合实验研究",并作为全市基础教育课程与教学改革和推进综合改革的重点实验项目,旨在落实立德树人根本任务,全面实施素质教育,提高学生核心素养,加强社会主义核心价值体系教育,着力提高教育质量,培养学生的社会责任感、创新精神和实践能力。2016 年小学主题式综合课题作为此项目实验成果在全市进行推广。阳信县实验小学(简称"我校")积极申请并参与实验,成为全市 45 处小学主题式综合课题试点学校之一。在"融爱"教育理念下,我校积极探寻适宜学校发展的课程整合策略,构建适宜的课程框架,探究有效的教学模式,寻找适合师生发展的路径。

(二)研究意义

成为滨州市小学主题式综合课题试点学校意义重大:一是可在实验中扎实落实《滨州市小学主题式综合课程指导纲要(实验稿)》,践行小学主题式综合课题的目标体系、内容体系、教学方法体系、管理评价体系,实现该成果的应用价值。二是根据县直学校的特点努力探索适宜学校发展的课程整合策略,构建适宜的课程框架,探究有效的教学模式,寻找适合师生发展的路径。三是未来社会要求学生具有社会责任感、创新精神和实践能力,而课程整合是实现该目标的有效路径,符合时代的要求,可借助该实验构建符合教育规律、体现时代特征、具有中国特色的人才培养体系,建立健全综合协调、充满活力的育人机制。

(三)研究假设

依托小学主题式综合课题实验成果,我校力争用两年多的时间,构建学校新型课程体系,转变学校课程观念和课程管理方式,努力解决当下存在的课程重复交叉问题,真正用课程提高育人效益。

依托小学主题式综合课题的目标、内容体系,探索适合县级学校的课堂教学模式及评价方式,以"让学"为原则,搭建"先学后教"课堂教学模式。

依托小学主题式综合课题试点实验,利用新型课程结构、教学模式减轻学生课业负担,教会学生学习,培养学生的必备品格和关键能力,从而促进学生全面发展;提高教师的课程整合能力,打破教师的学科局限,从育全人的角度实施教学。

(四)核心概念

以爱为教育之基,以爱育爱,是我校的核心价值,是学校的文化标签,以爱铸就品牌之魂,演绎文化之韵。以此为源,可衍生出善良公正的精神,彰显梦想与活力,渗透在教育的方方面面,浸润于师生成长的点点滴滴,承载着师生的幸福,育有爱心、行美善的健康少年,以强大的凝聚力和向心力,带动学校持续、快速和健康发展。

小学主题式综合课程:以国家课程为基础,国家课程、地方课程、校本课程三类课程协调发展的学校课程体系。我校根据国家课程改革总目标和学生发展核心素养目标,将课程划分为七大主题式综合课程;根据各类课程对于学生发展的功能、地位和意义,将课程划分为国家课程、校本必修课程和校本选修课程三大课程模块。

七大主题式综合课程:大主题以国家学科课程、综合实践课程为基础确定,围绕主题,将国家课程、地方课程和校本课程中目标与内容重复和交叉的内容以及可以跨学科进行综合性、实践性和创造性学习的内容,进行优化和整合,统一到相应的主题之下。七大主题式综合课程包括"道德、法制与传统教育"(简称"道德与法治")、"科学、技术与环境教育"(简称"科技与环境")、"语言、文化与表达教育"(简称"语言与文化")、"数学、空间与运筹教育"(简称"数学与运筹")、"艺术、体育与健康教育"(简称"艺体与健康")、"外语(英语)、国际交流与表达教育"(简称"外语与交流")、"劳动、实践与创造教育"(简称"实践与创造")。

三大课程模块:各主题式综合课程又分为国家、校本必修和校本选修三大课程模块。其中,国家课程模块承担落实国家课程标准(纲要)的核心教育目标,突出基础性要求,积极体现综合性、实践性和创造性要求;校本必修课程模块包括国家课程需要拓展学习的内容、地方课程的必修内容和校本课程中体现学校文化特色的必修内容,承担落实部分国家课程拓展性教育目标、省定地方课程必修教育目标和学校特色教育必修目标的综合目标,突出体现综合性、实践性和创造性要求;校本选修课程模块是以国家课程和校本必修课程为基础的、满足学生个性发展需求、专业性与跨学科性相结合的内容,承担落实学生个性发展需求的教育目标,强化体现综合性、实践性、创造性和选择性要求。

这种主题式综合性课程建设,实现了课程门类的减少,优化了课程结构,转变了教学方式,提高了课程实效性和时效性,减轻了学校、教师和学生的课程负担,有利于学生实现全面发展,有利于实现教师专业发展、学校特色发展的目标。

二、理论基础

(1)建构主义理论。建构主义理论认为,知识不是通过教师传授得到的,而是学习者在一定的情境即社会文化背景下,利用必要的学习资料,通过意义建构的方式而获得的。建构主义理论提倡在教师指导下的、以学习者为中心的学习,也就是说,既强调学习者的认知主体作用,又重视教师的指导作用,认为教师是意义建构的帮助者、促进者,而不是知识的传授者与灌输者。

(2)多元智能理论。加德纳的多元智能理论指出,学生的智能是多元的,除了语言智能、数学逻辑智能两种基本智能外,还有空间智能、音乐智能、身体运动智能、人际交往智能、内省智能、自然观察智能。这几种智能代表了每个人不同的潜能,智能之间的不同组合表现出个体间的智能差异。学生间没有相同的心理倾向,但每人都有自己的智能强项,有自己的学习风格。教师应多元评价孩子,帮助孩子找到自己的智能优势。

(3)问题式学习理论。该理论强调以学生的主动学习为主,而不是传统教学中的以教师讲授为主;该理论将学习与更大的任务或问题挂钩,使学习者投入问题中;该理论设计真实性任务,强调把学习设置到复杂的、有意义的问题情景中,通过学习者的自主探究和合作来解决问题,从而学习隐含在问题背后的科学知识,形成解决问题的技能和自主学习的能力。

（4）小组合作学习理论。小组合作学习是教师给予学生学习任务让学生以小组形式合作完成任务以达到学习目的的教学方法。而所谓的"学习任务"通常是指能够让学生运用其语言技巧去完成某件事或解决某个问题的开放式教学活动。该理论认为教师必须提供给学习者三大语言学习之基本要件:一是接触真实语言的机会;二是将语言运用于真实情境的机会;三是学习语言及使用该语言的动机。

三、研究程序

（一）研究设计

第一阶段:2016 年 9 月至 2017 年 1 月。

制定整体实验方案,对教师加强培训,使其吃透实验精神和目标;成立领导小组、指导小组及实验攻关小组(实验年级)。

第二阶段:2017 年 2 月至 2018 年 2 月。

（1）梳理学校文化体系,聚焦育人目标。

（2）构建学校"融爱"教育课程框架。

（3）实验年级进行课堂教学模式的探索,边实践边研究。

第三阶段:2018 年 3 月至 2018 年 9 月。

（1）对"融爱"教育课程体系进行总结和提炼,形成"融爱"教育小学主题式综合课程模型。

（2）请有关专家进行指导,小组成员修整实践教学模式。

（3）做好研究成果的宣传推广工作,撰写结题报告,邀请专家鉴定。

（二）研究对象

小学低、中、高年级学生。

（三）研究方法

本项目根据《滨州市小学主题式综合课程试点实验工作方案(讨论稿)》的指导主要采取行动研究方式。

四、研究成果

（一）秉承"融爱"理念,构建学校课程体系

1. "融爱"理念

我校汇仁爱而育众生,扬文风而显智慧。以仁爱之心为人,以博雅之学启智,以美善之德立品,和融博雅,精诚日新。寓爱于教,树爱之品牌;寓教于乐,享教育之趣。以爱育爱,以心暖心,化育生命,润物无声。

爱是教育之基,以爱育爱,是我校的核心价值和文化标签,以爱铸就品牌之魂,演绎文化之韵。以此为源,可衍生出善良公正的精神,彰显梦想与活力,育有爱心、行美善的健康少年,以强大的凝聚力和向心力,带动学校持续、快速和健康发展。

以主题文化为中轴延伸出学校的愿景、校训、教风、学风、培养目标等。

2."融爱"培养目标

以爱为源,教育学生爱学习、爱健体、爱审美、爱实践、爱生活、爱担当,使其养成影响一生发展的关键能力和必备品格,培养"怀仁爱之心、扬美善之德、修儒雅之学"的阳光少年。

3."融爱"课程体系框架

根据培养目标,学校构建了基于国家课程的主题式综合课程。"融爱"课程分为"三级三域"。

根据目标,"融爱"课程分为三级:第一级为国家课程,第二级为校本必修,第三级为校本选修。

根据功能,"融爱"课程分为三域:第一域为核心性课程,第二域为发展性课程,第三域为拓展性课程。核心性课程包括"道德与法治""语言与文化""数学与运筹""科技与环境",主要培养学生终生发展和未来社会所需的能力;发展性课程包括"艺体与健康""外语与交流",主要培养学生的自我认知和自我选择能力;拓展性课程主要为"实践与创新",着重培养学生的实践能力、创新能力。

4."融爱"主题式综合课程框架

结合学校文化、培养目标和人力物力资源现状,我校以现行教材为蓝本,以学期为单位,初步对七大主题式课程进行了专题整合,如"科技与环境"课程框架。

5."融爱"特色课程框架

2012—2016年我校一直致力于校本选修课程即学校特色课程的开发。我校根据校本选修课程承担落实学生个性发展需求的教育目标,强化体现其综合性、实践性、创造性和选择性,对原有校本选修课程进行删减、分类,使其目标明确、特点突出,形成了"融爱"校本选修课程体系,见图1。

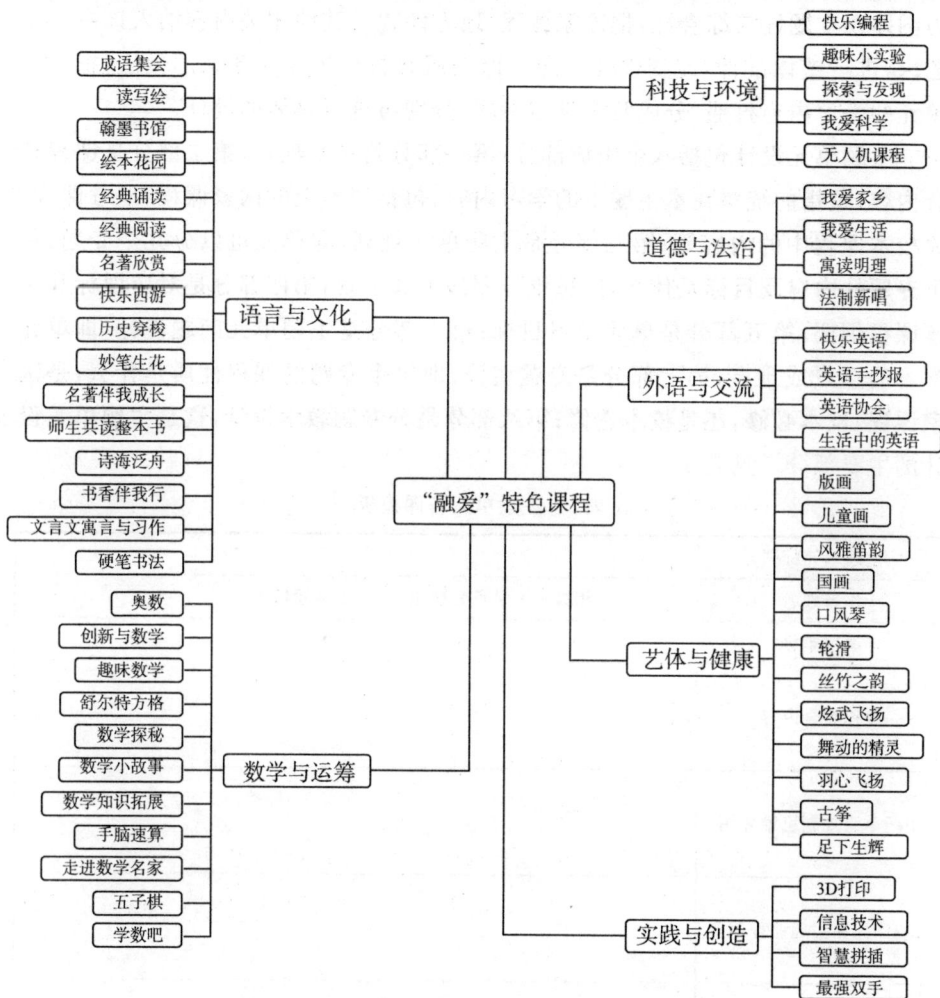

图 1 "融爱"校本选修课程体系

语言与文化
- 成语集会
- 读写绘
- 翰墨书馆
- 绘本花园
- 经典诵读
- 经典阅读
- 名著欣赏
- 快乐西游
- 历史穿梭
- 妙笔生花
- 名著伴我成长
- 师生共读整本书
- 诗海泛舟
- 书香伴我行
- 文言文寓言与习作
- 硬笔书法

数学与运筹
- 奥数
- 创新与数学
- 趣味数学
- 舒尔特方格
- 数学探秘
- 数学小故事
- 数学知识拓展
- 手·脑速算
- 走进数学名家
- 五子棋
- 学数吧

"融爱"特色课程

科技与环境
- 快乐编程
- 趣味小实验
- 探索与发现
- 我爱科学
- 无人机课程

道德与法治
- 我爱家乡
- 我爱生活
- 寓读明理
- 法制新唱

外语与交流
- 快乐英语
- 英语手抄报
- 英语协会
- 生活中的英语

艺体与健康
- 版画
- 儿童画
- 风雅笛韵
- 国画
- 口风琴
- 轮滑
- 丝竹之韵
- 炫武飞扬
- 舞动的精灵
- 羽心飞扬
- 古筝
- 足下生辉

实践与创造
- 3D打印
- 信息技术
- 智慧拼插
- 最强双手

图 1 "融爱"校本选修课程体系

（二）秉承"融爱"理念，探索课堂教学模式

根据主题式综合课程要求，我校紧紧围绕以下四个核心问题进行教学设计。

（1）我们的教学目标是什么？

（2）学生要掌握哪些知识和能力才可能达到这些目标（组织什么样的教学内容）？

（3）教师应怎样组织这些知识（教学过程是怎样的）？

（4）评价目标是否完成（怎样进行评价）？

1. 研发备课工具，探索有效备课

"融爱"理念下的课程以国家课程为基础，以单元主题为基本单位，单元设计力图体现主题性与综合性,把国家课程、地方课程及其他相关内容纳入该单元主题内,进行整体设计,改变以往一课一课按照教材编排顺序备课的做法,把一个单元的学习内容打通,分成几个学习专题,分别再进行具体的设计。

主题单元设计包括八个组成部分:第一部分是基本项目;第二部分是课程整合内容,是指能统整在本主题下的学习内容,包括课本上的国家课程、地方课程、原校本课程中的内容等;第三部分是主题单元规划,即单元可以分几个专题,每个专题的内容及目标是什么,用思维导图的形式呈现;第四部分是对应课标和主题课程纲要;第五部分是单元学习目标;第六部分是主题单元问题设计,即单元学习的重点或难点;第七部分是专题划分,即每个专题的课程性质是什么,是国家课程、校本必修,还是校本选修;第八部分是分专题教学设计,这是主题单元设计的主要部分。见表1。

表1　主题单元备课模板

主题单元标题		
作者姓名	＊＊＊年级＊＊学科教研组	学科领域
适用年级		所需时间
课程整合内容		
主题单元规划思维导图		
对应课标和主题课程纲要		
主题单元学习目标		
主题单元问题设计		
专题划分	专题一:所属课程模块(国家课程、校本必修或校本选修) 专题二:所属课程模块(国家课程、校本必修或校本选修) 专题三:所属课程模块(国家课程、校本必修或校本选修) ……	

2. 创新国家课程教学模式

我校通过对"语言与文化""数学与运筹"两门主题课程的反复实践,总结形成了导学—共学—精点—趣习教学模式。

例如,"数学与运筹"课程的教学模式为:第一步预学单导学,学生自主学习;第二步小组合作,讨论质疑;第三步问题交流,教师点拨;第四步拓展训练,反馈矫正。课前学生根据预学单先学,课堂上老师把讲的权力让给学生,尽可能多地创设思考、辩论、质疑、表达的情景,激发学生的学习兴趣,培养其学习能力,取得了明显的效果。老师亲身体验到了自主课堂的活力,给听课的老师以有力的影响,为进一步推进课堂教学模式改革奠定了基础,"先学后教、以学定教"为特征的高效、自主课堂逐步展现。

"语言与文化"课程形成了"单元整合、双线并行、言意共生"的教学模式:从单元教学整体出发,把课堂分为单元导读预学课、基础知识过关课、精读课文指导课、群文阅读课、读写结合课、习作讲评课、整本书阅读课、语文综合实践课、综合检测课九大课型,实现了从语文教学到语文教育的转变。

3. 创新校本必修和校本选修课程教学模式

校本必修和校本选修课程需要教师在课程资源的开发方面下大力气,在一定程度上来说,课程资源的丰富性决定了这两类课程的有效性。校本必修课程包括国家课程需要拓展学习的内容、地方课程的必修内容和校本课程中体现学校文化特色的必修内容,突出跨学科的综合性、实践性和创造性,以合作探究主题的形式组织教学。校本选修课程是以国家课程和校本必修课程为基础的、满足学生个性发展需求的、专业性与跨学科相结合的内容,强化综合性、实践性、创造性和选择性,以个人专业训练与主题研究的形式组织教学。

例如,校本选修课"小小朗读者"在组织教学中,教师要准备大量可供学生朗读的文章,示范的视频、语音,展示用的道具等材料。课堂上学生根据自己的情况自主选择朗读的材料,教师根据学生需求给予相应的辅导,创设情境进行朗读展示。

校本必修和校本选修课程的展示设置在元旦和"六一"时。如"六一"游园特色课程展中,每门课程设置展馆,通过海报将日常的课程成果陈列出来。

(三)秉承"融爱"理念,改变课程评价体系

根据教学常规各个环节需要关注的重点问题,依据各级部门发布的教育教学指导文件,我校对各个环节制定标准进行评价,见表2。

表2　教学常规评价表

教学常规	标准	依据
集体备课	《单元主题备课评价表》	《滨州市深化小学学科教学改革指导意见》
课堂教学	《国家课程课堂评价表》	《滨州市深化小学学科教学改革指导意见》《滨州市深化小学学科教学改革指导意见》《中国学生核心素养》
	《校本必修课堂评价表》	《滨州市深化小学学科教学改革指导意见》《山东省中小学德育课程一体化实施指导纲要》
	《校本选修课堂评价表》	《滨州市深化小学学科教学改革指导意见》《中国学生核心素养》
作业	《阳信实验小学作业评价》	《中国学生核心素养》《山东省中小学德育课程一体化实施指导纲要》
教师专业发展	《阳信县实验小学教师考核方案》《教师联盟考核方案》	《关于全面深化新时代教师队伍建设改革的实施意见》

（四）秉承"融爱"理念，形成教师专业发展模式

本实验对于教师的发展起到了很大的促进作用，打破了教师固有的教学思维模式。本实验中的课程搭建对教师素质的要求非常高，从而打破了教师的需求平衡，让教师只有不断学习才能完成这项改革，由此，也倒逼教师专业发展的路径发生变化形成"三维度六项目"教师专业发展模式，见图2。

图2　"三维度六项目"教师专业发展模式

五、分析和讨论

（1）"融爱"课程体系是我校课程建设的里程碑，使学校文化、培养目标、课程框架、教学模式、教学评价等逐步完善，标志着我校课程建设又上了一个新台阶。

（2）该实验对教学模式的探索极大地提升了课堂教学质量。导学单的设计

与应用也转变了学生的学习方式,达到了先学后教的目的。

(3) 该实验转变了教师观念,提升了教师专业素养。教师在教学中不仅仅局限于学科教学,而是着眼于立德树人,着眼于学生关键能力和必备品格的培养,着眼于学生创新精神的培养。

"营造书香校园实践研究"结题报告

"营造书香校园实践研究"是笔者主持的滨州市教育科学"新教育实验"专项课题,于 2015 年 9 月申报,2015 年 11 月由滨州市教育科学规划办审批通过。课题组主要成员有文玉燕、牟玉翠、张冬梅、董翠平、田朝霞、张红梅、魏国燕、马晓琳、宋秋红、付琳琳、刘连荣、高峰、张超。

一、问题提出

(一)研究目的

(1)调查教师当下的阅读水平和状态;从教师的阅读兴趣、阅读需要出发,组建教师阅读共同体,让阅读改变教师的行为方式。

(2)调查学生的阅读需求,组建班级最优阅读图谱,构建书香班级,营造良好的阅读环境,让阅读改变学生的生活状态。

(3)通过"新教育实验"实现教师与学生共读,以教师叙事、班本课程为例,呈现研究成果,带动其他班级参与实验。

(4)通过师生阅读工程,营造良好的学校氛围,打造学校特色品牌项目。

(二)研究意义

本研究从人的发展的角度出发,着眼于教师发展和学生成长的需要,以师生需求为基础,探索经济条件相对落后、信息相对封闭的学校营造书香校园的新路径。

(1)改变教师的行为方式。改变教师只顾埋头看课本、教学参考书和批作业的习惯,让教师学会从书籍中汲取营养,提升专业素养。在方式方法上,尽量减轻外力作用,激发教师自身的能动性,让教师读自己喜欢的书籍,有自己的阅读图谱,有自己阅读的同伴。在润物无声的环境中,让阅读走近教师、改变教师的行为。

(2)改变学生的生活状态。改变学生以读课本为主的状态,让孩子们走近经典,在书籍的海洋中丰盈自己。特别是通过师生共读活动让学生过一种以阅读为主的集体生活。这样的生活有助于学生的成长,更会成为孩子最美好的回忆。

（3）改变学校的发展模式。改变学校抓常规的单线发展模式,让阅读成为学校的特色和品牌,成为教师专业成长和学生发展的重要途径,达到提升教师、成就学生、发展学校的目标。

二、研究背景

"一个人的精神发育史就是他的阅读史,一个民族的精神境界取决于这个民族的阅读水平。""新教育"创始人朱永新老师的这句话点醒了无数教师。在一个人成长的过程中,书籍是不可或缺的。因此,阅读是达成学校教育目标的重要途径。2014年我校加入"新教育实验",在考察学习中真切看到阅读给教师与学生带来的变化。我们认识到:对一所建校40多年、已经不再年轻的学校来说,只有启动师生阅读,才能给教师带来质的变化,促进教师与学生的可持续发展,为学生的健康成长积蓄成才的力量,为教师的内涵发展积聚基础的能量,为学校打造富有特色的文化品牌。

基于这样的认识,我校分析总结了目前存在的问题:

（1）学校发展模式亟待突破。我校于2011年确立了"融爱"教育核心文化。将"以爱修德,以学广才"作为校训,确立了"怀仁爱之心,养美善之德,修儒雅之学,育阳光少年"的培养目标,但怎样构建独具特色的校园文化氛围、构建师生理想的文化生态环境仍是个难题。

（2）教师专业素养亟待提升。我校成立于1975年,属于县直小学,班额较大。在岁月的洗礼中,我校教师形成了吃苦耐劳、任劳任怨的优秀品质,可谓兢兢业业。然而,大量的课业劳动占用了教师大量的时间,将教师紧紧捆绑在了课本、作业之中,使其无暇享受读书的乐趣。很多教师在日复一日的重复生活中出现了教师职业倦怠问题。

（3）学生生活状态亟待改变。孩子成长需要物质食粮,也需要精神食粮,而阅读就是精神食粮。缺少了阅读,孩子就会"营养不良"。但目前学生仍然花费大量的时间阅读课文、做题或者抄写。对于处在阅读黄金时期的学生来说,课本已远远不能满足学生的需求,必须为学生开辟获得知识的新途径。

而"营造书香校园实践研究"则力争通过阅读丰盈师生生命,营造具有厚实文化底蕴的书香校园,为学校发展开辟新模式。建立教师阅读共同体,这如同一股新鲜的血液,引领教师从书籍中获得新知,获得解决问题的方法,能与高人为伍,与大师对话,从而确立教育生活的新目标。小学阶段是学生背诵、阅读的黄金时期,大量的阅读将会奠定其文化底蕴。因此,要把经典作品推荐给学生,让他们的生命因为与书籍相遇而更加精彩、丰盈。因此,通过阅读建立一个书声琅琅的阅读乐园,让师生通过阅读将教育、学习生活变得更加幸福、完整是我们的愿景。

三、理论依据

1. 终身学习理论

1994年,"首届世界终身学习会议"在罗马隆重举行,提出了"终身学习是21世纪的生存概念"。中小学教育要帮助学生树立终身学习的理念。普通中小学教育是打基础的教育,这种基础就包括了终身教育的基础。以往人们把教育分为正规教育和非正规教育、普通教育和成人教育,认为终身教育只是非正规教育或成人教育的任务,其实这是一种误解。终身教育贯穿人的一生,包括一个人从婴儿到老年各个不同发展阶段所受到的各级各类教育。中小学教育不仅要为人的终身学习打好基础,而且肩负着继续教育的任务。

2. 人本主义理论

人本主义理论强调人的价值和尊严,反对行为主义学派的机械论倾向,主张研究对个人和社会有进步意义的问题。该学派代表人物罗杰斯主张,应在教育与教学过程中促进学生个性的发展,发挥学生的潜能,培养学生学习的积极性和主动性。

3. 建构主义理论

建构主义理论认为,知识不是通过教师传授得到的,而是学习者在一定的情境即社会文化背景下,利用必要的学习资料,通过意义建构的方式而获得的。建构主义理论提倡教师指导下的、以学习者为中心的学习,也就是说,既强调学习者的认知主体作用,又不忽视教师的指导作用,教师是意义建构的帮助者、促进者,而不是知识的传授者与灌输者。

四、研究程序

(一) 研究设计

1. 研究内容

紧紧抓住教师阅读、学生阅读两条主线,使师生热爱阅读。

(1) 学校核心理念中阅读地位的确立。

(2) 教师阅读状态的分析;教师阅读共同体的组建方案。

(3) 在遵循"以文化人"的前提下,探索师生阅读的有效策略。

(4) 调查师生需求,探索适合本校师生阅读的最佳图谱。

(5) 研究并提供师生共读的案例,以此为榜样,引领全校师生共读。

2. 研究保障

（1）加强理论学习。主要采用两种方法：其一系统全面学。学习关于本课题研究的基本理论，学习师生阅读共建的方法等。其二围绕问题学。基于问题的学习是最好的学习方法。在研究过程中，我们发动教师及时发现实践中的问题，对这些问题进行归纳、提炼，然后开展合作研究，使学习的过程成为问题解决的过程。

（2）加强组织建设。集中课题组成员的智慧，形成合力，保证课题研究的正常开展，为此，我校成立了课题研究领导小组，以及时发现和解决课题研究中存在的问题。

3. 可行性分析

（1）课题组主持人和主要成员先期进行了大量的理论与实践案例检索、学习和研究，对营造书香校园有强烈的意愿，对学校阅读规划发展有较为清晰的认知和研究思路。

（2）课题组主持人和主要成员长期从事教育教学研究和管理工作，熟悉我校的实际情况；我校也具有良好的工作环境和条件。

（3）课题组主持人和主要成员有丰富的课题研究经验，取得了比较突出的研究成果，具有较强的课题管理、组织和研究能力以及重要的研究基础。

（二）研究对象

全体任课教师、"新教育实验"参加班级。

（三）研究方法

在课题整理准备阶段，主要采取文献法、讨论法和调查法。

在课题深入实施阶段，主要采取行动研究法、对比法和资料分析法。

在课题总结实验阶段，主要采取行动研究法、文献法和经验总结法。

五、研究结论

课题组自成立以来，严格按照课题实施方案开展课题研究，现将研究结论总结如下。

（一）从学校顶层设计入手，确立阅读的中心地位

1. 学校核心理念再解读

学校于2011年确立了"融爱"教育核心文化。"以爱为源"为学校主题文化，这主要体现"以人为本、以生为本"价值观。学校愿景是"书韵飘香的智慧学园，爱心洋溢的幸福乐园"。可具体解读为：学校以文化为导向，以学习为本，激励师生博览群书，从书中吸取精神食粮，涵养智慧，从书中学会爱、学会奉献、学会自强不息；让师生在书籍中汲取营养，在阅读中放飞梦想，打造书韵飘香的智慧校园;学校对每个师生倾注关爱,教师对每个学生倾注真情,学生和学生互相关心,让教育充满生命情怀,用教育不断润泽生命成长,播撒生命温暖,提高师生的幸福感和满足感,打造爱心洋溢的幸福乐园。将"以爱修德,以学广才"作为校训,确立了"怀仁爱之心,养美善之德,修儒雅之学,育阳光少年"的培养目标,涵养学生之德性,张扬学生之个性,尊重学生之天性,磨炼学生之耐性。

课题组紧紧围绕办学愿景确立了阅读的主旋律:在轻松和谐的氛围中,引领师生阅读;整合丰厚的阅读资源,用榜样带动、同伴互助吸引教师参与阅读,用活动激励、教师带领吸引学生参与阅读;在实践—总结—再实践的研究路径下展开师生读书工程,最终将学校打造成一个和谐自由、书韵飘香的智慧乐园。

2. 制定了《教师阅读共同体章程》

我校对学校发展历史、学校文化、教师状态等做了深入分析,制定了《教师阅读共同体章程》(简称《章程》)。

《章程》宗旨:以科学发展观为统领,提高教师的育人能力。以人为本,以学习求发展,以研究促发展,提高教师素质,促进教师专业化成长,建设富有内涵的学校文化,构建集学习和研究于一体的教研模式。

共同体任务:通过开展多方位、多层次的读书学习、研究活动,促进教师的专业化成长;通过互促共进的读书学习交流活动,解决教学改革中遇到的疑难问题,逐步缩小成员之间的差距,使各成员均衡发展、共同提高;通过成员相互间的学习研究形成富有内涵的学习文化,深化学校"融爱"文化建设。

长期目标:促进教师的专业化成长,进一步提高教师队伍的整体素质和人文素养,打造研究型教师队伍;通过开展读书活动,让教师爱阅读,进而引导学生一同参与阅读,营造良好的读书氛围,形成阅读型年级部、阅读型读书组、阅读型班级;在同学之间、师生之间和亲子之间形成富有精神力量的阅读共同体。

阶段规划:第一阶段,在校园内营造一种"书香满校园"的良好氛围,激发教师的阅读兴趣。第二阶段,组织教师共同体,通过共读一本书、写随笔、开展读书沙龙等活动,提高教师的阅读成就感。第三阶段,拓宽阅读途径,使每位教师与书本为伴,与经典为友,与大师对话,让阅读呈现百花齐放的局面。

3. 制定了学生阅读方案

阅读目标:通过"21天阅读挑战赛",培养学生热爱读书、博览群书的兴趣;在"班级共读"活动中,学生从书本中得到心灵的慰藉,寻找生活的榜样,净化自己的心灵,感受阅读的美好;通过"阅读庆典"分享会,增强阅读的成就感,营造良好的读书氛围,为营造书香校园奠定基础。

阅读措施:以"21天阅读挑战赛"读书活动为载体创设良好的读书环境,激发学生阅读的兴趣,让学生爱阅读;整合丰富的阅读资源,将学生引领到书海之中,让学生与书籍相遇,通过阅读提高鉴赏、批判能力,提高综合素质,感受阅读的美好;实施课内阅读延伸至课外、课外阅读课内化措施,形成一种自主、持久、愉快的健康阅读机制,让学生养成阅读的好习惯。

(二)教师阅读共同体的组建

1. 教师阅读现状调查及分析

根据课题实施方案,课题组对我校全体任课教师进行了问卷调查,内容如下:

(1)你在日常生活生活中读书吗?

(2)如果您经常读书,您主要阅读哪方面的书籍?

(3)是什么原因导致您不经常看书或者不看书?

(4)如果有阅读环境,您愿意与同伴一起阅读吗?

根据调查问卷我们发现日常工作中有63.16%的教师不读书,有21.05%的教师偶尔读书,只有15.79%的教师经常看书,见图1。

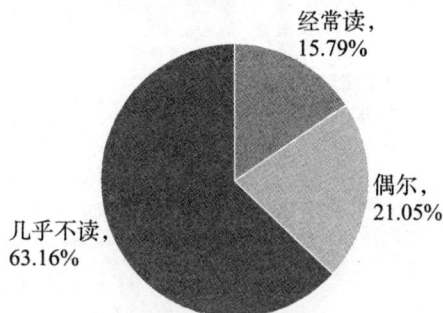

图1　教师阅读情况

课题组对经常阅读的人做了阅读书籍的调查,发现经常阅读的人最多阅读的是杂书,其次是文学书籍,见图2。

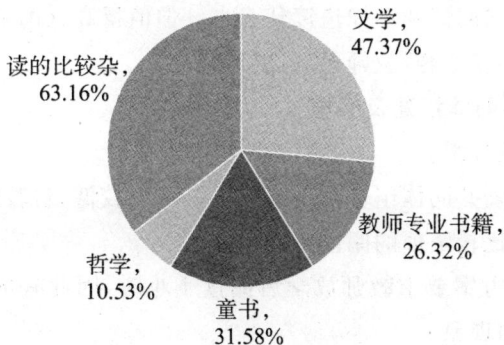

图2　教师阅读种类

　　课题组对不阅读的人做了调查,发现教师不阅读的原因中没有时间阅读的占首位,其次是不知道读什么书,见图3。

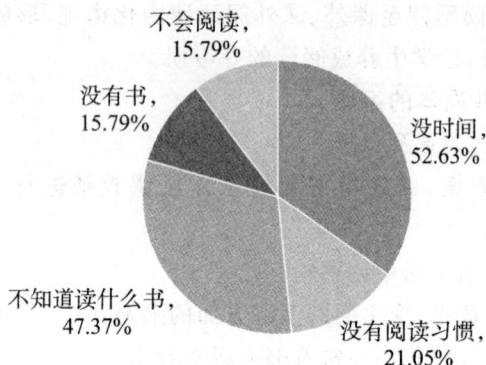

图 3　教师不阅读的原因

　　课题组对教师的阅读意愿进行了调查,发现 84.21％的教师愿意阅读,见图 4。

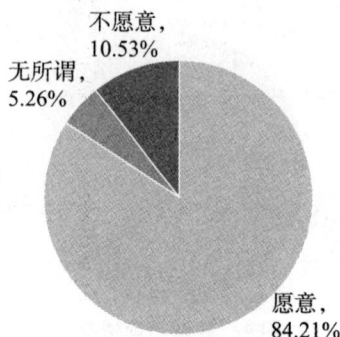

图 4　教师阅读意愿

　　由此可见,我校教师阅读状态较差,大部分教师处于不阅读状态,究其原因最主要的是没有时间阅读和不知道读什么书。但值得高兴的是教师有比较强烈的阅读意愿,如果环境适合,教师愿意进行阅读。

　　2. 教师阅读共同体组建及实施

　　方案一:按学段分组。

　　[优点]这种教师共同体组合对于阅读的要求比较低,对教师的束缚性小,短时间内就能营造出比较浓郁的阅读氛围。

　　[缺点]因为此方案要求教师放学后阅读 1 小时,因此有部分教师心静不下来,出现"磨洋功"的现象。

　　[实施路径]根据教师阅读现状的调查分析,教师按年级分组,实施名为"寻

找自己喜欢的书"的阅读策略。

[具体措施]

（1）为让教师坐下来有阅读的时间，学校规定每周一下午放学后全校教师读书一小时。

（2）进行阅读环境创设，将学校的两个阅览室和接待室布置和改装成三个阅览室，取名为"思想会客厅"，内部设有选书区、饮品区、阅读区。"思想会客厅"每天开放，每周一下午放学后一小时为全校教师阅读时间。每天下午放学读书铃响起后，校园内一片静谧，一杯清茶，一本书，袅袅书香浸入心田，让教师慢慢静下来，触摸文字，感受阅读的美。

（3）将低年级部、中年级部、高年级部分别安排到"思想会客厅"三个阅览室中。不打乱级部顺序，以便级部成员能够相互提醒，结伴前往"思想会客厅"。

（4）考核。本阶段的考核只有一项——考勤。目的就是让教师坐下来，与书籍相遇，相信书籍的力量。图5为思想会客厅阅读场景。

图 5　思想会客厅场景

[效果评价]

教师阅读共同体组建并实施后，课题组对阅读效果进行了满意度调查，主要有以下问题。

第 1 题　总体而言，你对上学期教师读书活动的满意程度。

第 2 题　你认为上学期你的读书团队阅读效果好吗？

第 3 题　如果再次进行分工，你希望按哪种组合读书？

第 4 题　你喜欢上学期的"朗读者"成果展示方式吗？

调查结果显示：对上学期阅读活动感到满意的老师占全校教师人数的61.64%，但有4.11%的老师感到不满意。针对上学期读书团队阅读效果的调查中，63.01%的老师感到效果非常好，6.85%的老师觉得效果不好。对"如果再次分工，你希望按哪种组合读书？"的调查结果显示，53.42%的老师愿意按照年龄分工。对于上学期教师读书共同体的展示方式的满意度调查结果显示，

67.12％的老师喜欢这种方式,10.96％的老师不喜欢。

调查结果显示,绝大部分教师对此种阅读共同体组合比较满意,阅读效果较组建共同体之前也有了明显提升,83.56％的教师在实验过程中读完了一本书。

方案二:按教师年龄梯度划分。

[优点]此种方案易于教师阅读共同体的形成,便于教师找到志同道合的阅读同伴。阅读积极性较高,可以进行深度阅读。

[缺点]难以达成同学科问题研讨,对学科教师梯队建设帮助不大。

[实施路径]针对教师阅读满意度调查结果,将教师按年龄阶段分组,实施名为"向专业书籍进军"的阅读策略。

[具体措施]

(1)按年龄将教师分组:45岁以上任课教师,28名;30～44岁任课教师,59名;30岁以下任课教师,28名。其中,30～44岁任课教师划分为两个小组。各组设组长、副组长、档案员、考勤员。

组长全面负责本组读书活动的开展,主持每周一的学习汇报;副组长负责本组的阅读环境创设,协助组长开展读书活动,比如照集体照、编辑好《爱阅读·爱生活》简报;档案员负责记录每周的活动,收集材料整理成档;考勤员负责考核记录每组的出勤情况。

(2)进行专业书籍推荐。这一阶段的阅读采取理论加实践的方式。为切实做好教师专业阅读工作,我校集中各学科骨干教师,针对目前学科教学遇到的问题向老师推荐学科书籍。

张超老师向大家推荐了《高效课堂教学技能指导》一书。他介绍说:高效课堂是教师追求的一种理想的教学境界,此书是从打造高效课堂、解决小学数学教师在课堂教学中存在的典型问题出发,为小学数学教师提高课堂教学中的各项教学技能进行理论与实践指导。全书阐述了备课技能、讲授技能、课堂调控技能、学法指导技能、课堂提问技能、现代教育技术运用技能、教学评价技能的内涵和使用这些技能过程中存在的问题,并针对存在的问题给出了相应的解决策略,为小学数学教师提高各项教学技能提供了具体指导。每个主题都采用了大量典型案例,用来呈现问题情境或教学情境,从而具体直观地提出问题、解决问题。

孙娜老师向大家推荐了《名师备课经验》,她总结道:《名师备课经验(数学卷)》一书主要介绍了15位名师的备课经验,有以"十年磨一课"精神备课的徐斌,有强调通过与文本和学生对话进行创造性思维备课的林良富,有总结出在新课程背景下教师备课时应树立对话意识、课程资源开发意识、以学生为主体的意识、"预设"与"生成"的意识、质量效率意识的钱守旺老师,有关注"为何而学、学习什么、怎么学、学得怎样"作为备课支点的夏青峰老师,等等。每位名师的备课智慧,都体现了教者超乎寻常的功力,让人忍不住拍案叫绝。

(3) 分散阅读,集中汇报。全体教师在各教师推荐基础上确定最终推荐书目(表1),学校根据书目购买了相应的专业书籍。

表1　阳信县实验小学"教师读书工程"书目选单

序号	推荐书目	推荐人	书目选择人 (请大家在以下书目中选择,对应书目栏内签好姓名,请各位慎重选择并签名)	购买本书
1	《高效课堂教学技能指导》	张超	张超　张志丹	1
2	《名师备课经验》	孙娜	王安然　冯莹莹	2
3	《教师第一课》	张宝东	孙建腾　范艳梅　段静静	3
4	《学校是一段旅程》	孔维然	孙娜　李国华　杨奎燕　孔维然　崔红英　文玉燕	6
5	《小学教学课堂教学案例透视》	董娜娜		0
6	《小学语文名师课堂深度解析》	高建峰	张冬梅　高建峰	2
7	《要相信学生》	王文娟	闫淑美　张梅香　董翠平　高敏　刘倩　隆新苗　韩静　张婧　玄丽华　王文娟　王春花　张南南	12
8	《第56号教室的奇迹——成功无捷径》	张红梅	光颖颖　王爱华　侯金枝　尹红霞　董珍珍　张辉　牟玉翠　丁红岩　张红梅　王士峰　王玲玲　郭新玲	12
9	《第56号教室的奇迹2》	刘文倩	宗凯旋　孔维然　魏国燕　王春芝　王平　金颖　田甜　马芳　李观伟　高士梅　付林林　田丰华　夏静　宋新颖　丁红红　梅丽苑　刘文倩　张瑞雪　李伟　李鑫　刘朋　曹新跃　张厚锋　李明杰	24
10	《小学数学创新性备课》	孙婷婷	孙婷婷　杨希华　周洪波　赵丽	3
11	《教学的勇气——漫步教师心灵》	丁红岩		0
12	《教语文其实很简单》	程玉清	张宝东　赵树芳　董翠平　陈颖　李红梅　田朝霞　张春景　程玉清　郭莉　李金华　高建峰	11
13	《陶行知教育名篇》	王春花	韩长芬　丁春朋　赵玉芝　程希俊　陈卫华　宋秋红　张琳娜　朱真真　高峰　王红梅　侯占杰　穆连国	14
备注:亲爱的老师,上述书目中如果未包含您本学期特别想读的成长书籍,可以在此备注您想读的专业书籍名称及出版社,学校会酌情考虑购买				

读书共同体各小组建立微信群,每天都将自己阅读的收获发到群内,每周一大家聚在一起将本周的收获整合,以便进一步用于教学改革。

[效果评价]

在本阶段,更多的教师找到了适合自己的书籍。以下是学期末部分老师的读书感受。

文玉燕老师在阅读了帕克·帕尔默著的《教学勇气:漫步教师心灵》后写道:"教师最终要拥有自身认同与完整。教师要深信,尽管目前教育千疮百孔,但是拯救教育的力量不在别人,而在于人的心灵。我们不是外部力量的奴隶,而是拥有不可剥夺的内部力量的人。我们应该积极运用自己的内部力量,在属于我们的课程中不断地与真实相遇,并找到与自己个性相契合的教学方式,在每天与学生生命相遇的课程中,获得发展。而发展对每个人都拥有无穷的吸引力!也许我们很多老师正在把这种人的内部力量搁置一旁,成为无数外部力量的奴隶,迷失了自己的方向。"

王春花老师在读书体会中写道:"自从拜读了丁榕老师的诸多文章后,我茅塞顿开,找到答案——教师的幸福,其实就在日常的、真实的教书育人生活中。丁榕老师最初的理想是做一个画家,但时代让她成了一名教师,而她做教师的理想是做一名有良知的老师。她的幸福不仅仅是现在获得的全国特级教师、优秀班主任,更是她教师生涯践行良知的过程。对于理想的幸福的教师来说,教育不是牺牲,而是享受;教育不是重复,而是创造;教育不是谋生的手段,而是生活本身。我们在一生中不一定要干成什么惊天动地的伟业,但应当犹如百合,展开是一朵花,凝聚成一枚果;应当犹如星辰,远望像一盏灯,近看是一团火。你想美好吗?那就读书吧。不需要花费很多的金钱,但要花费很多的时间。坚持下去,持之以恒,优美就像五月的花环,某一天会飘然而至……"

牟玉翠老师在读书体会中写道:"每次阅读微信文章往往一目十行,读过之后里面的内容也大都转瞬即忘。《给教师的建议》一书却改变了我的读书习惯,让我感受到纸质书籍带来的安心和静心。我越读越得到启发,越读越受到心灵的震撼,有时甚至到了'每有意会,便欣然忘食'的地步。书中共100条建议,从不同角度分析、讲述当代先进教育思想,有如何正确对待、教育学生的,也有在教育过程中教教师该如何去做的。作者像一位循循善诱的老者诉说着教育中的故事,每一句话是那么实在又那么在理,列举的每个事例是那么生动又那么熟悉。"这本书所包含的教育思想让人深受启发和鼓舞!

方案三:学科分组,实践与阅读的结合。

[优点]此方案实现了阅读与教师的专业成长相结合,引发教师的专业需求,

引领教师到书籍中寻找解决问题的办法,让理论指导自己的行为。

[缺点]对教师要求相对较高;很多书籍专业性强,阅读起来比较枯燥。

[具体措施]

(1)根据学科将教师分为数学组、综合组、语文组,每组设组长、考勤员、记录整理员。

(2)阅读内容采取推荐书目和自由选择相结合。学校根据教师调查结果确定阅读书籍并组织购买。教师人手一本图书,组内成员一月交换一次。另外开辟电子书籍,组建教师共读微信群,将优质电子书籍推荐到群内。

(3)阅读无强制要求,采取"多读多得、奖励勤奋者"的原则。鼓励教师采取更便捷有效的阅读记录方式,如书籍批注图片、点滴感悟、体会随时发到群内。每学期每人在教师共读微信群内进行一次读书分享交流,打破时间和空间的限制。

[效果评价]

本次阅读计划共实施两年,很多教师借助阅读提高了教学能力,仅2017年取得的成果就达100余项。

(三)学生阅读方案及策略

1. 学生阅读方案设计

通过与44位语文教师座谈,将经典诵读、绘本等纳入学生阅读范围;充分利用微信等及时展示学生的日常阅读;通过评选书香少年,树立阅读榜样;通过举办读书节,将阅读活动推向高潮。

2. 启动经典诵读

首先将课程标准要求小学生背诵的75首古诗词纳入经典诵读范围,并将其细分到每个学期,要求学生利用课前三分钟的零散时间进行背诵,具体安排见表2。

表2　各年级学生经典背诵达标量

年级	背诵数量	背诵时间	总用时量
一年级	25首	课前三分钟	一个月/学期
二年级	35首	课前三分钟	一个月/学期
三年级	45首	课前三分钟	一个月/学期
四年级	55首	课前三分钟	一个月/学期
五年级	65首	课前三分钟	一个月/学期
六年级	75首	课前三分钟	一个月/学期

除此之外,学校利用上学、放学时间播放大量的吟唱诗词,让孩子们耳濡目

染,进行经典诗词的积累,受到经典的浸润。

通过经典诵读活动的开展,学校为学生搭建了展示的舞台,图 6 所示是中央广播电台第五届"夏青杯"诗歌朗诵大赛中我校 51 名学生进入决赛。

图 6　第五届"夏青杯"诗歌朗诵大赛进入决赛学生

3. 评选书香少年

学校每月都要进行书香少年的评选,目的在于激发学生日常阅读的积极性,树立阅读榜样。书香少年评选条件是:有良好的阅读习惯和较浓厚的阅读兴趣;能在班级或学校发挥课外阅读的模范带头作用;积极参加学校等各级部门组织的阅读活动,认真阅读学校推荐的阅读书目;经常到学校阅览室、班级图书角借阅书籍,并能将自己的书籍贡献出来与大家共享;能写较为具体、真实、生动的读书笔记;背诵经典和读书量达到国家课标要求以上;有三篇以上作文在校级作文比赛中获一等奖。

学校还通过让书香少年在国旗下讲话,以身示范,以此带动其他学生参与阅读。

4. 举行读书庆典

读书庆典每学期举行一次,一般定在元旦和六一儿童节举行。举行庆典的目的是为学生搭建广阔的展示平台,营造浓郁的阅读氛围,让学生把自己在阅读中的所学展示出来。展示形式一般分为集体阅读展示(舞台)＋体验项目(设置体验项目供其他学生参与)＋资料展示(简单的过程资料)。图 7 所示为集体阅读展示掠影。

图 7　集体阅读展示掠影

　　体验项目是学生根据阅读内容设计海报和项目，并自行设置奖项激发大家来体验阅读的乐趣，挑战阅读积累。图 8 所示为体验项目掠影。

图 8　体验项目掠影

（四）师生共读方案及策略

师生共读是本研究中教师在班级实施的项目。学校首先为全体实验教师购置了童书，利用假期进行阅读，并根据阅读内容做好教师共读推广计划和读书讨论交流教案、课件。

1. 晨诵共读

每天早晨，新教育实验班级开启晨诵，教师和学生以饱满的精神迎接黎明。学生手中有晨诵本，可以根据晨诵内容进行学、写、绘。

2. 整本书共读

（1）做好师生共读推广计划。教师将童书推介给学生的时候要做好共读计划。

（2）设计共读阅读卡。阅读每一本书都要留下痕迹，因此教师要做好阅读卡的设计。

（3）写好班级共读叙事。参加新教育实验的教师根据师生共读情况，将阅读中发生的故事记录下来。这些记录，一可成为师生美好阅读生活的见证，二可供其他教师借鉴。

（五）分析和讨论

本研究在三年实践过程中，通过阅读改变了教师的行为方式、学生的生存状态以及学校的发展模式，师生素养得到很大提升。但是，科技改变生活，特别是随着手机功能的不断丰富，微信阅读如雨后春笋般冒出，不少阅读活动需要学生通过阅读软件来进行阅读练习。很多家长给孩子配备了手机，但部分孩子自制力差，出现玩手机游戏的现象。如何利用先进的科技，既能方便学生学习又不会给家长、学生带来困扰是我们目前需要研究和讨论的问题。

（六）建议

（1）营造书香校园首先应从教师抓起，热爱阅读的教师才能带领越来越多的孩子热爱阅读。其次应做好学生阅读和师生共读。

（2）建设书香校园，要从实际出发，实事求是，并随着时代的发展而不断完善。

工作随记篇

校园阅读行动

2017 年 3 月 14 日　星期二　晴

　　阳信县实验小学校长特别重视读书在提升教师业务素养方面的作用。读书虽然不可能产生立竿见影的效果,但是它的长效性会慢慢地释放。朱永新说:"一个没有阅读的学校永远没有真正的教育。"这句话始终鞭策着校长坚定地行走在带领教师阅读的路上,校长也坚信:一个不阅读的老师绝对教不出爱阅读的学生。自 2015 年开始,学校就把教师读书纳入学校重点工作,老师自主选书,学校统一购买,举办书籍发放仪式,召开教师读书论坛。2017 年 3 月 13 日,学校正式启动本学期的教师阅读活动。这次启动会不同于以往的是,学校正式成立了教师读书共同体,因为我们觉得读书需要同伴的力量,相互激励更易于保持读书的劲头。教师根据年龄划分为三个组,一组是奋进队,由 35 岁以下年轻老师组成;一组是骨干队,由年龄在 36 岁到 44 岁、具有一定教学经验的老师组成;一组是从容队,由年龄在 45 岁以上、具有丰富阅历和经验的老师组成;每个队选出了队长、副队长、考勤员、档案员,各有职责分工。具体阅读策略是,一学期每位老师完成一本书的阅读,制订阅读计划,每周分散阅读,周一放学后召开一小时分组交流读书体会。学期中,举行一次阶段读书成果汇报会,期末进行各组的读书考核。会上,校长阐述了读书可以使教师内心充盈,读书是老师最好的"精神化妆",让老师们明白"读书就是最好的备课""有书就有时间"的道理,打消了老师的顾虑。

　　我觉得此次活动最有价值的是,老师通过划分读书小队意识到了年龄不饶人,应珍惜时间、爱阅读、爱生活,让阅读成为一种习惯,成为生活的一种基本方式。

满足老师归属和爱的需要

2017 年 3 月 24 日　星期五　晴

2017 年第五期《人民教育》刊发的《教师跳槽：情感与精神的归属在哪里》，阐明了老师跳槽不是为了追求金钱、地位，而是去寻找精神和情感的归属。这不禁让我联想到我们学校教师队伍的建设与发展。

几年前，我校作为一所贫困县的驻城小学，相对于发达城市的学校，不存在骨干教师跳槽带来的困惑，但是存在教师职业倦怠带来的忧虑。老师缺乏干劲，疲于应付，出工不出力，畏难情绪较为突出。究其原因，不是老师不想干，而是缺乏施展才干的舞台，老师的精神和情感在流浪中，没有归属感，严重影响学校的发展。

怎样解决教师的职业倦怠问题呢？马斯洛的需要层次理论指出：当人的生理需要和安全需要得到充分满足之后，归属和爱的需要就会产生。为此，每到开学季，我校会组织老师参加爱的体验式培训；每到节假日，举行教职工活动，如教师节的最美教师表彰、元旦的联欢会、三八妇女节时的趣味运动。如今，我们又成立了教师读书共同体，按照年龄将教师分成三个队，年轻教师组成"奋进队"，骨干教师组成"有为队"，45 周岁以上的老师组成"从容队"，每个队都有自己的队名、口号、目标、交流群，每周进行一小时的集体读书分享。如此，老师的精神和情感有了归属，气顺了，心齐了，干劲足了，闯劲有了，校长再也不为老师的工作态度头疼了。

参加班主任论坛有感

2017 年 3 月 28 日　星期二　多云

　　近日,我连续参加了两期学校举办的班主任论坛,深受感动,想用文字记录下这份感动。

用心做班主任

　　3 月 21 日放学后,我参加了低年级班主任论坛,每个班主任分享了自己的管理之道,令人感动,也令人钦佩,因为老师们都在用心做班主任。

　　(1) 制定了班规、班纪。俗话说,无规矩不成方圆,老师们都具有依法治班的意识,用科学的、严格的班规、班纪来规范学生的行为习惯,并借助班级优化大师管理软件将班规、班纪落到实处。

　　(2) 懂得言传身教、以身示范的重要性,带着学生干,做给学生看。

　　(3) 凡事体现一个"早"字。良好的开头是成功的一半,"费事是为了省事"。

　　(4) 用"三心",做"三勤"。班主任用自己的爱心、耐心和细心,做到了腿勤、嘴勤、眼勤,敏锐地捕捉教育的良机。

　　(5) 注意培养学生的主人翁责任感,让学生人人有事干,事事有人管,时时有人管。

　　(6) 注意家校合作共育。充分发挥家长在教育孩子中的作用,让家长参与班级管理、捐助课外读物、自发组织实践活动等,让家长与老师同心同力。

　　本次论坛堪称班级管理金点子分享会,二(2)班的分组教学,二(3)班的顺口溜,二(6)班的习惯养成,二(7)班的随机教育……这一切无不体现了所有班主任的用心和尽力,正如高敏老师说的"育苗有志闲逸少,润物无声新老多",王春芝老师说的"和学生一道儿成长",杨希华老师说的"一切为了学生的成长"。

用情育　用心管　用智引

　　继上周二成功召开低年级班主任工作论坛之后,本周二按期召开了中年级班主任论坛。论坛举办得非常成功,我为各班主任的管理艺术和智慧所折服,为各班主任的爱心与付出所感动!

会上,张晶老师第一个发言,题目为"用情育 用心管 用智引"。九个字高度概括了班主任工作的重要性和复杂性,也表达出班主任对其工作的认识和感受。

每位班主任都有自己管理班级的独到之处,可谓亮点纷呈、各具特色。因为,每位班主任都在用心经营,这"心"可以理解为班主任倾注到学生身上的爱心、关心、耐心、细心、信心……但归根结底我认为是责任心。

是责任心,使张晶老师对班主任工作进行了深刻认识;

是责任心,使春花主任始终对班主任工作不离不弃;

是责任心,使国燕老师不断探索班级管理的策略和方法;

是责任心,使任教数学课的淑美老师对"阅读教育"加以关注;

是责任心,使晓茹老师有了"严与爱""勤与拙""晚与早"的哲学思考与行动;

是责任心,使保东主任产生"力未尽,情未了"的不竭动力;

是责任心,使新玲老师坚持"抓反复,反复抓"的好习惯养成;

是责任心,使刘倩老师开展"让我来夸夸你"的赏识教育;

是责任心,使希国老师拥有为其他科任老师排忧解难的担当与大气;

是责任心,使文娟主任手握与家长沟通的五大利器——尊重、关心、理解、多元、感谢;

是责任心,使娜娜老师勤于总结得与失;

是责任心,使文倩老师关注学生"热爱运动"行为习惯的养成。

是责任心,使大家坚持"德育为首,全面发展"的根本原则,落实立德树人的根本任务。

都说,爱自己孩子的是人,爱别人孩子的是"神",

我们是"神",也不是"神",

因为我们是名副其实的班主任!

观摩四(3)班的校本必修课"诗词诵读展示"

2017 年 11 月 10 日　星期五　晴

　　这是四年级三班学生自主组织的第二期诗词诵读展示。事前,孩子们向我发出了邀请,并精心设计了精美的邀请函。我对参加他们的诗词诵读展示充满了期待。

　　王文娟老师做了简单的开场白以后,每个小队依次上台,孩子们有诵的,有唱的,有演的,有跳的。能看得出,孩子们为这次展示做了充分的准备,精心策划、选材、背诵、导演、排练,有的孩子还化了妆,穿上古装,用了古扇。孩子们使出浑身解数,努力展现诗词的意蕴美。

　　通过这次展示,孩子们不仅积累了诗词,增加了文化底蕴,提高了对诗词诵读的兴趣,对中华优秀传统文化的传承发挥了一定的作用,更重要的是,综合素质得到了锻炼,如组织与协调能力、团结与协作意识,每个孩子都展现了最好的自己,每个孩子都是活动的主角。这是一次成功的尝试,其源于老师的大胆创新,源于老师对孩子们的充分信任。

　　当然,这次展示还有很多需要改进的方面。比如,各环节衔接得不够紧凑,过程中没有主持人,缺乏统一的主题,各组的展示形式和诵读的内容千差万别,有的内容重复,有的组准备得不够充分。主要原因是老师仅把它当作一次活动,没有将其提升到课程的高度进行设计和规划,缺乏计划性。虽然以学生自主组织为主,但是整个课程目标的确定、诵读主题的确定、如何来评价每个小组的展示效果等,需要老师进行系统设计,并做长期打算:一学期要举办几期、每期的主题是什么、要达到什么样的效果、每个小组做哪些准备。另外,在准备的过程中老师适当参与指导是非常必要的,老师应该通过干预和指导,让孩子们能"跳一跳摘到桃子"。

　　最后还是为四(3)班的老师和学生点赞,随着课程改革的改进,相信教学效果会越来越好。希望越来越多的班级开设类似的课程。

校园故事

——棋园里来了设计师

2018 年 11 月 16 日　星期三　晴

　　下午,参加完科学组教研活动,我原本想直接回办公室,却突然被棋园里的热闹情景吸引过去。以前这里在上课时间一般是无人问津的,只有课间孩子们才到这里活动,有的在下棋,有的在看课外书,有的在做游戏。现在是上课时间,居然有孩子来这里,而且四人一组围坐在一起。他们在干什么？我凑上前去,只见每个孩子面前都有一张白纸,他们在白纸上又画又写。我好奇地问道:"你们画的是什么?"一个学生自豪地回答:"我们在画校园啊！老师你看！"我一看,可不是吗,孩子们是在画学校的平面图。我问:"在纸上你们能分得清南、北、东、西吗？"孩子们说会。看孩子们学习的高兴劲儿,我也很为他们高兴。仔细看,孩子们画得还真对,学校的建筑、道路、操场等的方位画得都很正确。我夸赞他们说:"你们就是校园设计师啊！"这时,老师过来了。她向我介绍说,这节课是"道德与法治",内容是让孩子们认识校园、了解校园,并能画出校园。如果在教室里,孩子们不能身临其境,肯定画不好。我用赞许的目光看着老师,并连连点头。多么灵活的学习方式,没有把孩子们困在教室里,而是充分利用学习资源,紧密联系学习生活实际,让孩子们到真实的校园中学习,学习效果不言而喻。期待越来越多灵活、有效的教学方式的出现。

在活动中成长

2018 年 11 月 30 日　星期五　晴

时间一闪而过,总觉得匆匆又匆匆。静下心来回想一下,有很多感人的场景浮现眼前。最大的感触归为一句话"学生成长在活动中"。

活动之一——"校长杯"足球赛。这是校园内最热闹的场景,绿茵场上,运动健儿奋力拼抢,追球、传球、铲球、扑球,释放着活力,燃烧着激情,感染着观众。呐喊声、喝彩声此起彼伏,回荡在校园上空中。

活动之二——"体育锻炼一小时"。第七节体育活动时间到了,整个校园沸腾了。广场、棋园、道路都被孩子们占满了。跳绳是大多数孩子喜欢的活动项目。孩子们在老师的带领下,有的在分组比赛,有的在做跳绳游戏,有的在做花样跳绳。孩子们跳得小脸通红,满头大汗也乐此不疲。还有的孩子在打篮球、练排球、踢足球……随处可见孩子们灵动的身影。

活动之三——特色课程排练。当得知学校近期将举办特色课程展演活动后,各年级都积极行动,充分利用课外时间抓紧排练。有的以年级为单位集体排练,有的以班级为单位分别排练,唱、演、诵、跳,真是"八仙过海,各显神通"。

李校长感慨地说:"这样的校园生活才是我最期望看到的。你看,孩子们该动的时候动起来,该静的时候能静下来,动静结合,相得益彰。"我说:"我最喜欢看孩子们灵动的身影,在活动中他们不仅锻炼了身体也磨炼了意志,不仅学会了合作也懂得了进取。"

休养杂记篇

按：我的前半生，虽称不上奔忙，也无轰轰烈烈，但却踏实肯干，从未停歇。50周岁，因患病不得不放下工作，放下家务，停下脚步，静养三月。我把这段经历当作一种修行，也是一种修性，借此安顿浮躁的心灵。记录期间简单平凡的往事，算作对这段时间的纪念。

开启读书、听书模式

2018 年 3 月 22 日　星期四　术后第 16 天

近几天，我终于找到了打发时间的方式：看书、听书，以此慰藉我空虚的心灵。但还是没有特别满足，以至于昨天晚饭时我和老公说："简直太无聊了，怎样让休养的每一天过充实呢？"老公略带责备与调侃地说："你现在最主要的事就是休养，还有什么比养好身体更重要的吗？你想成为保尔·柯察金，你想成为张海迪吗？"听着老公的话，心理得到些许安慰。这几天我的身体恢复得越来越好，其他的收获确实了了。虽是了了，我也把它记一下，因为这几天我终于找到打发时间的方式了。

第一种方式，看书，漫无目的地看。首先读完了梁衡的《红色经典散文选》。兴趣点来自老公的推介，说梁衡是了不起的作家，他的好多文章被编入教材。带着好奇，只用了两三天我就读完了这本书，略有收获。梁衡的语言朴素而又生动、凝练而又深刻，客观而又全面地介绍了近当代的伟大人物。

第二种方式，听书。得益于前段时间校长的推荐，我下载了听书的 App。一开始我找不着头绪，不知道怎么听、听什么好，后来慢慢摸着了门道，也逐渐有了听书的兴趣。我每天早晨听书，偶尔也发表评论。泛泛地听，不深入思考，听的意义就不大，但是又没有能力或毅力边听边思、边听边记，这是令我感到苦恼的事情。不过，先让自己的心静下来，从安心地听书开始吧，这也许是改变我浮躁性格的一种好方式。不求有所获，但求有所静。

梨花风起正清明

2018 年 4 月 5 日　星期四　术后第 29 天

　　今天是清明,朋友圈、公众号推送了很多相关主题的内容,其中《人民日报》订阅号文章的《清明为什么要扫墓》,用三个哲学问题"我是谁? 从哪里来? 到哪里去?"做了回答,令我很受触动。

　　清明扫墓让我们清楚自己从哪儿来:"静立茔冢默然,你便会追寻到这个答案。你来自父母,父母来自祖父母,祖祖辈辈,总会有根,总归有源。开枝散叶。枝再繁,叶再茂,扎向大地的根,只有一处。这就是融入血脉中的眷念,是我们的来处。父母在,人生尚有来处;父母去,人生只剩归途。"

　　清明扫墓让我们明白要做怎样的人:"静立茔冢默然,你同样会明白自己总归要到哪儿去。草长莺飞,清明有雨。万物灵长,有生有死。""清明时节,教我做人。清洁、清廉、清净,无非一个清白;明事、明礼、明法,无非一个明白! 清白明白之人,自有清风拂面涤心,自有明月皎洁般的真善美。""红尘滚滚、功名利禄,如果你过于执着、拿不起放不下,为权、为钱、为名、为情黯然神伤,不妨清明时分去扫墓。""那里,自有另一种答案,让你心如止水、超然物外! 清爽做人,清白做事,足矣! 岂能事事如意,但求无愧于心!"

　　清明扫墓让我们知道自己到底是什么角色:"花开花落,云卷云舒。你是人子(女),你是人父(母),你是人夫(妻),你是华夏血脉,你是人类赤子。""难怪有人说,清明祭祖,彰显的是一种血脉的传承和责任。""来到这世间,你安身立命,拥有自己的角色,承担相应的责任。"

　　文章最后"梨花风起正清明。今年你回乡扫墓了吗? 和你同行的是谁? 你又在思念谁?"一下子碰触到我最脆弱的、最柔软的内心深处,禁不住抽噎起来。下午我要回家扫墓,祭奠已故的亲人——我的父亲、我的祖母,还有未曾谋面的祖父以及李姓家族的先人们。

听《孤独读书术》有感

2018 年 4 月 7 日　星期日　术后第 31 天

　　用一周的时间听完了《孤独读书术》，觉得这本书对指导自己如何读书有很大的帮助。

　　"书籍，记述的是别人的思想。而读书实际上是不断接收别人思想的一个过程，长期只读书不思考，你的大脑里只是零乱地散布着他人的思想。它们不成体系，它们杂乱无章。"如今，年过半百的我，在病休的这段时间里，慢慢静下心来以书为伴。其实，对于记忆力较差的我来说，能读进去，对文字不反感，能一点儿一点儿地接受别人的思想，是我的一大进步。朋友，当你百无聊赖、无所适从时，不妨拿起书，它会慰藉你空虚的心灵。

　　"而用自己的思考读书，你可以尝试跟着书中论述的过程思考一遍，再努力地找出其论述的精妙之处和欠缺之处，用自己的方式复述出来。"是的，我们的大脑不是一个机械地存储知识的容器，但凡输入大脑的东西都是经过大脑思考的。我现在读书只能找出自己认为的"其论述的精妙之处"，而"用自己的方式复述出来"还做不到。

　　"也可以用自己的方式记点读书笔记，写点读书感悟，毕竟写作，是最好的思考。"这句话，给了我很大的信心，想怎么记就怎么记，想用什么形式记就用什么形式记。只有作家写东西才叫写作吗？我们也可以写作，拿起笔把自己的思考记下来。"用自己的方式记点读书笔记，写点读书感悟"，这就是我的写作。

　　"谨记，书籍只能充当引路石和敲门砖，它并不是财富本身。真正的财富，是我们尚未被发掘的天赋，而我们只有通过思考才能获得它。"这是读书的最大效用。每个人都存有很大的潜能，加德纳霍华德的多元智能理论证明了每个人都有大量潜能，这些潜能中只有极少一部分在我们身上不同程度地得以显现，很大一部分潜能需要开发，而读书思考也许是开启自己潜能的金钥匙。

读《走近陶行知——教师读本》有感

2018 年 4 月 8 日　　星期日　　术后第 32 天

　　用近十天读完了《走近陶行知——教师读本》。掩卷沉思，陶公的教育思想虽然产生于中华人民共和国成立前，但对于现在的教育该怎么办、现在的教师该怎样做依然具有重要的指导作用。

　　当我们想给孩子们最好的教育而感到无从下手时，请去了解陶公的"生活即教育""社会即学校"吧！

　　"生活即教育"，就其本质而言，即生活决定教育，教育改造生活。

　　"社会即学校"，即以学校教育为主，与家庭教育、社会教育结合起来。

　　当我们为怎样教而感到迷茫时，请阅读陶公的"教学做合一"吧！

　　陶公说，先生的责任不在教，而在教学生学。教的法子必须依据学的法子。先生须一面教一面学。事怎样做便怎样学，怎样学便怎样教；对事说是做，对己说是学，对人说是教。要想教得好，学得好，就须做得好。要想做得好，就须"在劳力上劳心"。

　　当我们忘记了初心，偏离了教育的目标时，请记住陶公说的"千教万教，教人求真，千学万学，学做真人"。

　　须使学生得到"六大解放"：解放学生的头脑，使之能思；解放学生的双手，使之能干；解放学生的眼睛，使之能看；解放学生的嘴，使之能讲；解放学生的空间，使之能接触大自然和社会；解放学生的时间，不逼迫他们赶考，使之能学习自己渴望的东西；还要实施自动主义教育，智育注重自学，体育注重自强，德育注重自治。

　　当我们因为大班额不能照顾全体学生而苦恼时，陶公早就成功实践的"即知即传的小先生制"，现在仍然值得我们学习。"只要每个小先生担任两三人的教育，不要他们担任整个班级的教育。"

　　这些点滴体会，足以让我学习一辈子，实践一辈子，学做人——一个完整的人，学做教师——一个完整的教师。

从书中汲取前行的力量

2018 年 4 月 28 日　星期六　术后第 52 天

　　近几天正为自己不知读什么书、不懂得怎样写作而苦恼时,《江苏教育》2018年第二期上的一篇文章让我脑洞大开,眼前一亮,用该文作者的一句话就是"通体舒畅,心开眉展",激动得我一宿没睡好。

　　作者是江苏省苏州市草桥中学校——叶圣陶母校的一名政治教师,叫邢奇志,是位女老师。从作者自述中得知,她 1988 年入职,现为苏州市教学名师,发表文章百余篇,出版两部专著。我也是 1988 年入职的,我们是同龄人,且同性别,但就教育成就来说,我没有一点儿资格和作者相提并论。读着作者的自述,我就想,作者取得这样显著的成就,特别是发表的东西这么多,主要得益于什么呢? 这篇文章能给我答案吗?

　　文章是一篇读后感,题目是"像叶圣陶那样认真生活——读叶小沫的《跟爷爷爸爸学做编辑》"。一看题目,我就觉得这篇文章可能是有关教师阅读和写作方面的,应该对我有用。

　　作者的文笔很活泼,很幽默,也很深刻。读着文章,就像是作者在跟你面对面说话,说的每句话都在理。

　　文章的第一部分是作者推荐阅读的理由。作者说,她愿意读叶圣陶的教育文集,更愿意读叶圣陶的其他文学作品。开头的第一句话就特别吸我,"我愿意读叶圣陶的教育文集"。噢,作者这么会教、会写,肯定与读叶圣陶的书有关。我只知道叶圣陶是教育家、著名作家,是优秀的语言艺术家,只知道"教是为了不需要教""教育就是培养习惯"这些教育名言出自叶老,但他的其他文章还真没怎么读过,这令我很惭愧。

　　作者说:"叶圣陶的文章好读不夹缠,好看不高玄,最重要的是他常说些我想说而不敢说的话,还有些想说又不会说的话。"看来,叶圣陶的文章能给我们指点迷津。

作者告诉我们的可不仅是这点，这只是个引子。作者想告诉我们的是，要想真正理解叶圣陶、走近叶圣陶，必须读"文章外的叶圣陶，能更加理解文章内的叶圣陶思想"。

文章的第二部分介绍了作者具体介绍她对阅读叶圣陶文章的体验过程。能看出作者读书分三个阶段：第一阶段集中阅读叶圣陶文集，了解叶圣陶的教育思想；第二阶段，读文章外的关于叶圣陶的情和事，对理解叶圣陶的纯教育理论书籍很有帮助，进而刺激了作者表达的欲望；第三阶段欣赏叶圣陶的照片，认识了爱生活的叶圣陶，从而也学着他那样认真地生活。

朱永新说"一个人的精神发育史就是她的阅读史"。回顾我的前半生，因为缺乏阅读导致严重的"营养不良"，不能不说是人生的一大憾事。我想弥补，我想成长，从50岁开始，还行吗？我觉得应该能行，就像作者说的，"当年龄叠成了资历，读书相应地又脱略了一些约束。我无须认真地填写各种表格，无须一篇接一篇地撰写论文。读书全凭个人兴趣"。而我，不可能像作者一样洒脱，我只是有和作者一样的年龄，却缺少阅读的积累，错失了在奋斗的年龄应该做的好多事情，特别是读书。所以，我在增加阅读兴趣的同时，还得增强自律能力，力所能及地弥补一些缺失，不枉过自己的后半生。

读《倪焕之》

2018 年 5 月 4 日　星期五　术后第 59 天

　　今天的大部分时间是在读电子书《倪焕之》。内容很吸引人,虽然介绍的中华人民共和国成立前的教育状况、教师的思想行为,却对指导今天的教育人怎样做教育有很大的帮助。

　　今天主要阅读了倪焕之和校长是怎样开启他们的教育实验的、遇到了哪些挫折困难、是怎样克服的等内容。作者对人物的心理描写细致深刻,特点突出,环境描写非常优美。最打动我的还是倪焕之的教育思想以及他为实现教育理想付出的行动,同时也引发了我对以下问题的思考:学校到底应该是什么样子? 如何做教师? 怎样认识儿童?"人"应该成为什么样的人?"人"应该怎样培养?

　　阅读时,我一边看一边把一些语段做成了电子笔记,现摘录几段,也是对以上问题的回答。

　　"学校要使学生得到真实的好处,应该让学生生活在学校里;换一句话说,学校不应是学生的特殊境界,而应是特别适宜于学生生活的境界。

　　"教育事业是培养人的。

　　"当教师的第一要认识儿童。要认识儿童就得研究到根上去,单就一个一个的儿童看,至多知道谁是胖的,谁是瘦的,谁是白皙的,谁是黝黑的,那是不行的;我们要懂得潜伏在他们里面的心灵才算数。这就涉及心理学、伦理学等等的范围。人类的'性'是怎样的,'习'又是怎样的,不能不考查明白。明白了这些,我们才有把握,才好着着实实发展儿童的'性',长养儿童的'习'。同时浓厚的趣味自然也来了;与种植家比较起来,有同样的切望而含着更深远的意义,哪里再会感到干燥和厌倦?

　　"我们不能把什么东西给予儿童;只能为儿童布置一种适宜的境界,让他们自己去寻求,去长养,我们就从旁给他们这样那样的帮助。现在的教育太偏重书本了，教着，学着，无非是文字，文字！殊不知儿童是到学校里来生活的；单单搞些文字，就把他们的生活压榨得又干又瘪了。

"天下的事物那么多，一个人需要应付的情势变化无穷；教师能预先给学生一一教会吗？不能，当然不能。那么何不从根本上着手，培养他们处理事物应付情势的一种能力呢？那种能力培养好了，便入繁复变化的境界，也能独往独来，不逢挫失；这是开源的教育的效果。我们要学生计划农场的一切，愿望原有点儿奢，就是要收这样的效果。计划云云无非借题发挥，所以非农家子弟也不妨用心思，将来不预备进农业学校的也可以用心思。这正像练习踢足球，粗看起来，好像只求成为运动会中的健儿；但练习久了，却在不知不觉之间，养成了公正勇敢合群等等的美德。

"开始是一颗种子，看它发育，繁荣，看它结果，还可以看它怎样遭遇疾病，怎样抵抗天行。从这里头领悟的，岂止是一种植物的生活史；生命的奥秘，万物的消息，也将触类而旁通。

"学习与实践合一，就是它的价值，而且劳动把生活醇化了，艺术化了。

"学生做这些事，那样地勤奋，那样地自然，那样地不用督责，远超过对于其他作业。他们全不觉得这是为了教育他们而特设的事，只认为这是他们实际生活里最可爱的境界，自然一心依恋，不肯离开了。什么芽儿发了，什么花儿开了，在他们简直是惊天动地的新奇，用着整个的心来留意，来盼望，来欢喜！"

读完此书，惊叹于作者对人物心理的刻画、对宏大场面的描写、对环境的衬托以及贴切生动的修辞的运用，作者不愧为"优秀的语言艺术家"。读此书，就像在观看一部生动的话剧，每一个画面清晰地展现眼前。更感动于文中的主人公倪焕之，提出了新教育、新学校的教育思想，并为实现教育理想不懈追求、勇于实践。后来他投身革命，欲创新乡村示范教育。我的心情随着主人公的一次次出场而跌宕起伏。

要幸福，就得好好说话

2018 年 5 月 10 日　星期四　术后第 62 天

心情如今天的多云天气，晴朗与平静中不时飘过团团云彩，遮挡了阳光，灰暗了心境。

老公快下班了，我提前把馒头热好了，把要炒的菜也洗好了，只等老公回来炒菜，今天要炒手撕包菜。

老公回来了，我们很高兴地互相打了招呼。老公看到我很惬意地躺在沙发上听书的样子，知道我在家里并不孤单，放心地鼓励我说："挺好，想看就看，想听就听。"说完，老公就进厨房准备炒菜。我也不听书了，有家人陪伴着，说会儿话也好，搭把手也行。我多管闲事的毛病也犯了，进到厨房，看到锅里的菜白乎乎的一点酱油色也没有，随口就说："你没放酱油吗？"老公说："放了，少吗？"听我这么一说，老公边说着边又放了一些，并征求着问我："这样行吗？"我没吱声，意思是行了。我走出厨房，坐在餐桌前等待吃饭。这时，菜还在锅里炒着。老公走出厨房，到客厅看了眼国际新闻，也就是半分钟的工夫。我看老公没炒完菜就干别的了，顺口就说："你可别把炒菜弄成炖菜呀！"这话一出口，老公有些不耐烦了，"你什么意思？"我知道老公嫌我对他指手画脚。我心想，炒包菜应当用急火，快速翻炒，去生就出锅，菜烂了就不好吃了。这是我炒包菜的标准，炒之前也没和老公提出这个要求，现在，我看着不合心思，怕菜不好吃，就指手画脚起来，能不让老公烦吗？

我没继续说话，老公也没再不愿意，两人都把刚才的话放下了，心平气和地像往常一样吃着饭。老公边吃边说："这包菜还挺好吃！"我也觉得挺好吃，就不假思索地说："这种圆的、绿的包菜好吃，那种白的、扁的不好吃，买的时候别买那样的。"说完这句，老公可真不高兴了，批评我说："你只知道责备！我啥时候买过那样的？"他这句话把我也说蒙了，我不解地看着他，并解释说我没有责备他的意

178

思啊！老公并不认可我的解释，认为我无理取闹。我不同意老公的说法，就辩解起来，虽没有大声争吵，但是都觉得谁也不服谁。这顿饭就这样不欢而散。

中午休息时，我俩谁也没搭理谁，老公去卧室休息，我躺在沙发上心情一直不能平静，陷入深深的反思之中。

董卿说，一个家庭的幸福，从好好说话开始。我想，这顿饭闹得不痛快，就是因为我不会好好说话导致的。我在想，我的话错在哪里呢？我知道自己有个很大的毛病，就是有话憋不住，想说就说，不走心，不用脑，不思考，有话但不会好好说。前几天在教育杂志上看了一篇文章，题目是"有话好好说"，主要阐述为什么要好好说话，好好说话的标准和要求是怎样的。我觉得这篇文章写得挺好，对我很有用，还专门下载了。我把文章反反复复读了几遍，认识到：好好说话是一种交流能力，即沟通能力。我深知沟通能力的重要性，我更为自己缺乏这方面的能力而对自己特别不满。文中说，交流能力背后有思维、有理性，要求"讲道理"，不随意，不情绪化，不狡辩，不胡搅蛮缠，不武断，不专断；交流能力还要求有温度、讲人道，要换位思考、尊重对方。回头想想自己说的那几句话，明明就含着对对方的不满意，不满意就是责备，责备就是不尊重，这是我说话能力明显欠缺的地方。对照好好说话的要求和标准，我还有很多没做好的，我觉得我最缺乏的还是说话时不经思考，不讲理性，情绪化，甚至武断、专断、自以为是。

一个人有一个人说话的特点，我这样说话与我的个性有很大关系。我是一个活泼开朗的人，性格直率，反应敏捷，是个急性子，脾气暴躁，正因为这种性格，我说话时也就没有前后思量，不管三七二十一，有啥说啥，想说就说，一吐为快，有好多事得益于这样说话，但是，也有好多事坏在这样说话上，今天的事不就是这样吗？俗话说，江山易改，本性难移，个性一旦养成，要想改变，谈何容易。唉！活到知天命的年纪居然还不会好好说话，不能不说是我人生中的一大憾事（我的另一大憾事就是不会写作，其实这也与不会说话有很大关系）。不过，今后的日子还长着呢，好在我已经认识到了自己的不足，认识到好好说话的重要性，并且明确了好好说话的标准和要求。我想，现在改还来得及，要想家庭幸福、工作愉快，我得时刻注意要好好说话。杨绛先生说，有修养的人可以约束自己。在家虚心接受家人的批评，在单位虚心接受同事的意见，我期待看到的进步！

写完这段话，望向窗外，天气格外晴朗，一丝云也没有了。

《爱的艺术》初读体验

2018 年 5 月 14 日　星期一　术后第 68 天

　　下午茶时,顺手拿起了案头的《爱的艺术》。这本书两年前就已经买了,是和《理想国》《民主主义与教育》一起买的。买这些书一是因为看到了网友的推荐,说这是教育工作者的必读书籍;还有一个原因是我们学校实施"融爱"教育理念,我们必须懂得爱,才能实践爱,看了书名,自认为这本书可能对践行"融爱"教育有用所以就买了。但是这本译著,很不好读,所以就一直没有正式读。前段时间在《江苏教育》上看到一篇写教师共读经验的文章,推荐给教师的必读书籍就有《爱的艺术》,这才让我对这本书产生了阅读兴趣。

　　今天读来,觉得这本书比《理想国》好读多了。买了不读,等于废纸一堆,凡是被推荐的书肯定有阅读的价值。这本书基本采用跳读的方式,不容易懂的内容就翻过去,感兴趣的内容就读仔细,一下午的时间就翻完了整本书,基本是生吞活剥、囫囵吞枣,但多多少少还是品出一点滋味来。

　　一、什么是爱

　　这本书首先告诉大家,爱是一门艺术,人们要学会爱,就得像学其他艺术如音乐、美术、医学等一样付诸行动。要学习这门艺术,首先要掌握爱的理论,然后再掌握爱的实践。

　　爱的内容非常广泛,包括母爱、对需要帮助的人的爱、夫妻之间的爱、对自己的爱,等等。

　　爱首先是"给"而不是"得"。该书作者说"给"是力量的最高表现,通过"给"才能体现自己的力量、"富裕"和"活力"。"给"比"得"能带来更多的愉快,这不是因为"给"是一种牺牲,而是因为"给"表现了人的生命力。

　　我赞同这种观点。当你的给予给他人带来帮助时,你绝不会因为付出而失落,而是因为自己的付出而感到满足和自豪。正如书中说的,愿意把自己的东西给予他人的人是富有的,他感觉到自己是一个有能力帮助别人的人。

"给"不仅表现在物质层面,还表现在精神层面上。应该把内心有生命力的东西给予别人,同别人分享自己的欢乐、兴趣、知识、幽默和悲伤——一切有生命力的东西。这样,通过"给",不仅提高了自己的生命感,也提高了对方的生命感。我觉得这样的理论就是说给我们老师听的。老师,作为"人类灵魂的工程师",不只是传授知识,不只是把学生当成被帮助的对象,而是要与学生进行心灵与心灵的碰撞、生命与生命的共生。教学相长应该就是这个道理。

爱除了包括"给",还包括关心、责任心、尊重和认识等。作为老师,爱学生首先要认识和了解每一个学生,才能尊重学生,如果没有认识为基础,关心和责任心都是盲目的。

二、怎样实践爱

爱,作为一门艺术,像学习音乐、美术等一样需要学习、实践,而实践就离不开纪律、集中、耐心、兴趣。

爱需要有纪律,指爱要长久,不能凭一时的兴致。爱需要集中,指要有定力,专心致志,而非三心二意。爱需要有耐心,指要遵循规律,不能急于求成。爱需要有兴趣,指要明确爱的意义和价值,要不懈为之追求。

要达到这些要求,需要训练,不能把纪律看作外部强加的东西,而应该使其成为自我意志的体现,并且逐渐形成一种习惯。作者说:"每一件聚精会神完成的事会使人清醒(尽管干完事后会出现能恢复的自然疲劳状态),而懒懒散散地干事只能使人产生倦意。"

对这句话,我深有体会。每当精神不振、无所适从时,我就坐在电脑前做点需要动脑筋的事情,比如硬逼着自己写点读书笔记。这时,大脑开始运转,眼睛也渐渐亮起来,整个身心从混沌中走出来,进入清醒和集中的状态。

回想我读《爱的艺术》的初衷,是否已从中寻到"融爱"教育的理论支撑?我认为我找到了。苏霍姆林斯基说过,没有爱就没有教育,《爱的艺术》教我们怎样"有爱"。

读《围城》

2018 年 5 月 27 日　星期天　术后第 81 天

　　今天开始读《围城》。前几天读了杨绛先生的《走在人生边上》《洗澡》，觉得杨绛先生的语言很有趣，也便有了读《围城》的兴趣，但因为自己的悟性太差、阅历又浅，一时读不出味道来。

　　看目录时，见文后附有杨绛先生写的《记钱钟书与〈围城〉》，看看能否从中获得帮助。从杨绛先生的介绍中我了解到《围城》的语言极富调侃的味道，看后易引人发笑，笑的原因不一而同，因为一千个读者就有一千个哈姆雷特，理解不同，感受也就不一样。杨绛和钱钟书笑的一样，因为她懂钱钟书语言背后的意思，懂其真正的含义，他俩读后往往会心一笑，心照不宣。

　　我初次读，很难读出趣味来，不过读了杨绛先生的介绍后，就有了读的兴趣。

　　我特别留意钱钟书打的比方，用笔画出来，联系着上下文，仔细琢磨，很多时候，读着读着都能笑出声来。笑作者比喻得如此贴切，换任何别的说法都没有这种表达恰当。佩服作者刻画的人物心理那么细致、透彻、含蓄，不仔细读是觉不出来的，只有当你走进文字里，才觉得作者的每句话都有味道，值得品味。

　　午饭时，和老公谈起读《围城》的感觉，说想在看书的同时看看《围城》电视剧，也许能帮助理解。老公赞同地说，就如同今天的饭，吃饺子时再喝点汤，让汤来帮助消化。我听后笑了，笑老公的幽默。

尝百香果，品人生味

2018 年 6 月 3 日　　星期日　　术后第 88 天

　　今天我和小妹到二妹家玩，小妹给二妹带了两只百香果，二妹第一次见这种水果，觉得很新鲜。我也是昨天第一次吃，觉得很特别，就在手机上记录了吃百香果的感受，正好借这个机会，读给她俩听听。

　　今天第一次吃一种叫"百香果"的南方水果，是妹夫网购来的，因为形状像鸡蛋，果肉更像鸡蛋黄，所以又名鸡蛋果。那果香味很特别，很浓烈，很好闻，橙子味？柠檬味？芒果味？说不准。吃一口，酸中带甜，那酸甜的程度又是那么合适。说是果肉，不如说是果汁准确，因为果肉很稀，就像生鸡蛋黄，里面还有小蝌蚪一样的种子，吃的时候得用勺子挖着吃。这种水果如果和其他水果拌在一起，做成沙拉，更好吃。经这百香果一调，原来不香的有香味了，原来太甜的变酸了，原来太酸的变甜了，最后成了无法言表的特别可口的味道。

　　她们听后，说我写的文字表达出了她们的感觉，表扬我写得好。这是我写的文字第一次被公开，看她们这么认可，我非常高兴，增添了继续写下去的信心。

　　从二妹家回来后还在思考吃百香果的感受。我不满足上面的那段文字，不满足于赞叹大自然的神奇力量，觉得百香果还有更深的含义，我联想到了母亲，联想到了人生。

　　百香果像母亲，似母爱。百香果厚厚的、发皱发黑的外皮，没有一点水分，多像我的母亲。她佝偻的身体、粗糙的皮肤、灰白的头发、干瘪的双手、布满皱纹的脸庞……如果不是经历人生的坎坷与磨砺，哪会这样沧桑。但母亲的内心是丰盈的，她善良、宽容、勤劳、坚强……

　　百香果可喻人生，百香水果，百味人生。有谁没品尝过酸、甜、苦、辣、咸，又有谁没感受过喜、怒、哀、乐、愁呢？正因为这人生百味，才使人生呈现出不一样的精彩。